高职高专“十二五”规划教材

旅游服务礼仪

Lvyou Fuwu Liyi

（第二版）

主 编 李 俊 赵雪琴
副主编 彭 婷 冯 芳 王 玲

WUHAN UNIVERSITY PRESS
武汉大学出版社

图书在版编目(CIP)数据

旅游服务礼仪/李俊,赵雪琴主编. —2版. —武汉:武汉大学出版社,2012.4

高职高专"十二五"规划教材

ISBN 978-7-307-09630-1

Ⅰ.旅… Ⅱ.①李… ②赵… Ⅲ.旅游服务—礼仪—高等职业教育—教材 Ⅳ.F590.63

中国版本图书馆 CIP 数据核字(2012)第042731号

责任编辑:易 瑛 责任校对:刘 欣 版式设计:马 佳

出版发行:**武汉大学出版社** (430072 武昌 珞珈山)

(电子邮件:cbs22@whu.edu.cn 网址:www.wdp.com.cn)

印刷:湖北金海印务有限公司

开本:720×1000 1/16 印张:12.5 字数:231千字

版次:2008年2月第1版 2012年4月第2版

2012年4月第2版第1次印刷

ISBN 978-7-307-09630-1/F·1648 定价:26.00元

前言

在中国旅游产业快速发展，旅游服务及管理日益走向国际化、规范化、标准化的今天，为应对更加激烈的国际竞争，全面提升旅游人才，尤其是旅游高端人才的综合素质，为旅游事业大发展储备高起点的后备人才，已是旅游行业迫在眉睫的头等大事。中国的旅游人才正面临着前所未有的机遇和挑战。为加强旅游专业学科建设，适应旅游业发展形势的迫切需要，我们根据高职高专院校旅游专业教学的实际情况，编写了此书。

本教材在编写过程中，特别注意旅游专业的学生对旅游礼仪、规范的理解和掌握，从而全面提高旅游的服务能力，努力体现多头并进的旅游专业人才培养理念，以期能使旅游专业学生及其从业人员在掌握旅游服务礼仪的基本理论知识和操作技能的基础上更好地适应当今旅游业发展现状的要求。

本教材的研制人员既有丰富的行业工作经验，又有丰富的旅游专业的教学经验，都是活跃于教学第一线的骨干教师。在教材的研制中，大量采纳并高度提炼了他们在实际工作中积累起来的宝贵的教学经验以及收集到的宝贵的材料，希望能为使用该教材的师生提供一些真实、生动并能互动的有效素材。本教材共十三章，分别介绍了旅游服务礼仪的基础知识、旅游从业人员个人素质的培养，旅游服务、接待知识及规范，旅游从业人员日常工作和人际交往礼仪知识，我国部分少数民族礼仪知识，我国主要客源国及地区礼仪知识，宗教礼仪知识等内容。教材根据高职高专学生的特点，重点强调了教与学、学与用的关系，加大了技能技巧、实际操作、模拟训练等内容的比重。

本教材由李俊、赵雪琴担任主编并统稿，各章具体分工如下：

前言、第一章　李俊；

第二、十、十三章　赵雪琴；

第三、四、五章　彭婷；

第六、七、八章　冯芳；

第九、十一、十二章　王玲；

附录　谭增勇；

谭增勇参与了全文统稿及修改工作。

本教材研制过程中，参阅了大量专家、学者的论著，吸取了近年来旅游专业教学研究的新成果，以及旅游行业实践中有启发性的新观点，在此向众多专家、学者表示衷心的感谢。还要特别感谢谭增勇老师对本书从筹备、出版到改版以来的无私奉献和大力支持。

在此，我们还要感谢湖北省宜昌市清真寺马云晓阿訇，宁夏回族自治区海原县西安镇李进祥阿訇，湖北省宜昌市天主教堂龚志喜神父，湖北省宜昌市古佛寺根定法师，湖北省道教协会王平副会长等宗教界人士对本教材有关宗教礼仪等方面内容的斧正。

限于时间和水平，缺点、疏漏在所难免，敬请各位同仁与读者提出宝贵意见，以便进一步修订、完善。

高职高专“十二五”规划教材

《旅游服务礼仪》研制组

2012 年 4 月

目　录

第一章　旅游服务礼仪概述

中国是具有辉煌历史的礼仪大国，五千年的文明使我们当之无愧地享有“礼仪之邦”的美誉。中华民族的成长历史，是由礼仪这支笔书写和造就的。重礼、守礼、讲礼、遵礼已经内化成了中国人的一种自觉意识，贯穿于社会交往的各个方面。

当今，旅游业已被确立为我国国民经济的支柱产业之一，北京奥运会、上海世博会的成功举办进一步促进了我国旅游业的快速发展，旅游服务人员的水平直接影响旅游业的形象和口碑。因此，旅游服务礼仪自然应当被旅游服务人员普遍应用，学礼、知礼、用礼已经成为旅游服务人员提供优质服务的必要保证。

第一节　旅游服务礼仪的概念

一、我国礼仪的起源及发展

礼是“禮”的简化字，“豊，行禮之器也”，也就是说，用盛玉的器具奉祀神和人谓之“豊”，这种仪式就是“禮”。在原始社会，人们对来自大自然的许多现象，如雷、电、风、雨等都无法理解，对未知世界及自然力量充满了恐惧和敬畏。人们只能靠“天”吃饭，把“天”或“神”看作宇宙间最高的主宰，对其顶礼膜拜，进行祭祀。而对于原始人来说，生存繁衍是他们最大的企盼，粮食丰收是他们赖以生存的物质基础，所以礼仪是他们为祭祀天地神明、保佑风调雨顺、祈求降福免灾而举行的一项隆重的敬神拜祖仪式。他们希望借此可以逃避天灾人祸，可以五谷丰登。

在原始社会，敬神拜祖的祭祀仪式可以称为礼的最初形态。自从有了人，有了人与自然的关系，有了人与人之间的交往，礼的内涵便逐渐产生、发展和扩大。从理论上讲，礼首先起源于人类协调主客观矛盾的需要。

正式的礼仪，应当形成于奴隶社会。进入奴隶社会以后，礼被打上了阶级的烙印。为了维护奴隶主的统治，奴隶主阶级将原始的宗教礼仪发展成为符合奴隶社会政治需要的礼制，并专门制定了一整套礼的形式和制度。周代出现的

《周礼》、《仪礼》、《礼记》（简称“三礼”），就反映了周代的礼仪制度，这也是被后世称道的“礼学三著作”。“三礼”的出现标志着周礼已达到了系统化的阶段，礼仪的内涵也由单纯祭祀天地、鬼神、祖先的形式，跨入了全面制约人们行为的领域。“三礼”，特别是《周礼》，对后世政治、经济的发展起到了不可估量的作用。

在封建社会时期，礼仪的作用受到了历代统治者的高度重视，并且使其不断地政治化、法律化。奴隶社会的尊君观念在这一时期被演绎为“君权神授说”的完整体系，即“惟天子受命于天，天下受命于天子，天不变，道亦不变”，并将这种“道”具体化为“三纲五常”，夸大神化了帝王的权力，却妨碍了人的个性的自由发展，阻挠了人类的平等交往。盛唐时期，礼仪随着文化的兴盛繁荣也发达起来，封建统治者不仅推崇礼教，还把《仪礼》、《礼记》等著作升格为《礼经》，唐代镌刻的《礼经》石碑至今还陈列于西安碑林。唐代大量文学艺术作品都有礼仪的内容。到了宋代，礼仪在封建体制下又有了长足发展。“家礼”的兴盛是宋代礼仪的又一特点。道德和行为规范是这一时期封建礼教强调的中心，特别是对妇女的道德礼仪要求：“三从四德。”明、清两个朝代延续了宋代以来的封建礼仪，并有所发展，家庭礼制进一步严明，将人的行为限制到“非礼勿视，非礼勿听，非礼勿言，非礼勿动”的地步，从而使封建礼仪更加完善。

辛亥革命以后，受西方资产阶级“自由、平等、民主、博爱”等思想的影响，中国的传统礼仪规范和制度受到强烈冲击。五四新文化运动对腐朽、落后的礼教进行了清算，符合时代要求的礼仪被继承、完善、流传，那些繁文缛节逐渐被抛弃，同时接受了一些国际上通用的礼仪形式。新的礼仪标准、价值观念得到推广和传播。中华人民共和国成立后，逐渐确立以平等相处、友好往来、相互帮助、团结友爱为主要原则的具有中国特色的新型社会关系和人际关系。改革开放以来，随着中国与世界的交往日趋频繁，西方一些先进的礼仪、礼节陆续传入我国，同我国的传统礼仪一道融入社会生活的各个方面，构成了社会主义礼仪的基本框架。

二、旅游服务礼仪的概念

所谓旅游服务礼仪，就是指旅游行业的服务人员或旅游组织在旅游活动过程中应当遵循的尊重他人，讲究礼貌、礼节，注重仪容、仪表、仪态、仪式等的规范和程序。

旅游行业的活动也和其他服务行业一样，是在人与人的交往中实现的。在这个过程中，人的态度、情感将不可避免地对旅游活动、旅游服务的效果产生很重要的影响。旅游活动和旅游服务是物质需要和精神需要的统一。在旅游服务活动中，不仅存在一般商品和货币，或劳动服务和货币的交换，同时也存在人与人之间的情感交流。货币和商品的交换或服务与货币的交换是物质的、有形的，而情感的交流是隐性的、精神的。旅游服务人员通过这个过程为旅游者提供文明礼貌的服务，使服务对象产生一种心理上的满足和愉悦，从而深刻体会到生活的美好、人际关系的温暖、社会的和谐，旅游者常常是在对旅游产品和服务的消费中去寻找对生活的感觉、对社会的评价的。

旅游服务不单纯是一种经济行为，也是一种文化行为。优美的风景名胜、独具特色的旅游产品、南来北往的旅游者，再加上旅游服务人员优雅的举止、温馨的话语、善解人意的服务，会给人一种艺术的享受，给人以美的陶冶，使人体会到平等、友爱、和谐的文化氛围。

三、推广旅游服务礼仪的现实意义

旅游服务礼仪是提供礼貌和周到服务的一种行为规范。它所研究的人际关系，是以个人为支点的，既研究个人与个人之间的线性关系，又研究个人与团体，以及组织机构与公众对象之间的网状关系。在旅游消费日益大众化的今天，旅游需求的激增与优质旅游产品供给不足的矛盾突出，推广旅游服务礼仪便成了解决这一矛盾的有效途径。

（一）推广旅游服务礼仪是提供优质旅游产品的需要

当前，旅游业激烈的市场竞争实质上是服务质量的竞争。旅游企业的市场和客源、生存和发展、声誉和效益，靠的是向宾客提供全方位的优质产品。优质旅游产品应包括一流的设备条件和一流的服务水平，后者包括高尚的服务精神、优良的服务态度、精湛的服务技能、齐全的服务项目、最佳的服务效率等。而旅游服务礼仪则是提供优质旅游产品的关键与必需。

（二）推广旅游服务礼仪是提高宾客满意度的需要

旅游接待服务的直接目的是为了最大限度地满足不同客人的正当需求，使客人乘兴而来，满意而归。客人在旅游中的消费，要求在食、住、行、游、购、娱等方面有舒适、方便、安全的感觉；心情要是愉悦的。客人是“上帝”，是旅游服务接待的对象。客人需要在乘车进店、办理住宿、上下电梯、就餐休息、娱乐购物、步行离店的各个环节中时时受到尊重，并享受到热情周到的服务。从心理学角度讲，服务员向客人提供主动热情、耐心周到的文明礼貌服务，可以缓解客人因某些原因而产生的不愉快的消极因素，改善气氛，转变情绪，使客人满意，达到心理上的平衡，尤其是当服务中出现差错时，这种作用更加明显。

（三）推广旅游服务礼仪是服务人员的天职

称职的接待服务人员必须做到热情待客、礼貌服务。热情待客指的是服务人员出于对客人的尊重与友好，在服务中注重仪表、仪容、仪态和语言以及操作规范；礼貌服务则要求服务人员发自内心、满腔热忱地向客人提供主动、周到的服务，从而表现出良好的风度和素养。

（四）推广旅游服务礼仪是提高我国旅游业在国际上声誉的需要

旅游行业是我国对外开放的前沿阵地，近些年，来我国旅游观光的外国人以及回大陆访友探亲的港澳台同胞越来越多，我国的旅游业获得了前所未有的发展和繁荣，如何提高服务质量并进一步发挥“窗口”作用具有重要意义。因此，旅游业必须牢固树立“宾客至上”的服务意识，对宾客以礼相待。这就要求旅游服务人员讲究礼仪，在继续发扬中华民族文明礼貌之优良传统的同时，深入了解各客源地的礼仪习俗，以便采取正确的服务方式，体现旅游接待工作的高质量和高水准，给宾客留下美好的印象。

第二节 旅游服务礼仪的特点

注重服务礼仪或提供优质服务，可以有效地提高旅游服务行业的服务质量，进而取得良好的服务效益，树立良好的企业形象，这一点已经被现代旅游行业的经营实践所证明。

礼仪体现的是人与人之间的一种互动关系，它必须符合特定历史条件下的道德规范和传统的文化习惯。旅游服务礼仪指导着人们的一言一行，小到举手投足，大到待人接物。同时，旅游服务礼仪伴随着旅游活动的发展，也在不断地吐故纳新，促进自身的发展。一般来说，旅游服务礼仪有以下几个特点：

一、具体性

服务礼仪是道德规范的组成部分，通过语言、行动来表现，与一般的道德规范不同的是，它有一定的具体形式和规则。例如尊重他人的礼貌要求，在接待服务中被具体表现为经常使用“您好”、“请”、“对不起”、“谢谢”等敬语，主动为客人开门等动作。

二、国际性

礼仪作为一种文化现象，是全人类的共同财富。它跨越了国家和地区的界限，为世界各国人民共同拥有。尽管不同的国家、不同的民族、不同的社会制度所构成的礼仪有一定差异性，但在讲文明、懂礼貌、相互尊重原则基础上形成的完善的礼节形式，已为世界各国人民所接受并共同遵守。

三、民族性

礼仪是伴随着民族而出现的，不同民族的礼仪习俗各具特色。中国是一个多民族国家，56 个民族各有自己的礼仪形式；世界上许多国家也都是由多民族组成的，所以礼仪作为约定俗成的行为规范在拥有共性的同时，又表现出一种较为明显的民族差异性。比如汉族的婚礼和维吾尔族的婚礼就有着较大的差别；又比如东方民族含蓄、深沉，西方民族直率、开放，东方人见面习惯于拱手、鞠躬，西方人见面习惯于接吻、拥抱等。这些差异，带有强烈的民族性，民族的特点决定了礼仪形式的不同。我国之所以能够吸引越来越多的外国人前来旅游，最重要的原因就是我们拥有博大精深的民族文化和历史文物古迹，因此在旅游接待过程中，旅游服务人员更应该尊重各个民族的不同习惯，尊重他们的风俗，尊重他们的礼仪。

四、实用性

旅游服务礼仪的实用性表现在它对现实生活的指导意义，特别是在工作中，旅游服务人员如何着装，如何向客人表达友好之情，如何回答客人的疑问等问题都可以在旅游服务礼仪里面找到答案。正是因为其具有很强的实用性，旅游服务礼仪才成为每一位旅游服务人员所必须了解和掌握的内容。

五、发展性

现代生活是多元、丰富、多变的，礼仪文化也不是一成不变的，而是随着社会的进步不断发展变化的。随着国家对外开放的不断深化，通信、交通技术的飞速发展，世界各国的政治、经济、思想、文化等诸种因素的互相渗透，我国的传统礼仪自然也被赋予了许多新鲜的内容。礼仪规范更加国际化，礼仪变革向符合国际惯例的方向发展，如何形成一整套既富有我们国家自己的传统特色，又符合国际惯例的礼仪规范已成为必需。这种礼仪文化的培养和形成有助于我们国家走向世界，更好地与国际接轨，成为一个真正的礼仪之邦。

第三节　旅游服务礼仪的重要作用

过去，旅游只是少数人可以参与的活动；随着生产力的不断发展，人民生活不断改善，旅游已日渐成为大众生活中必不可少的部分，旅游服务礼仪自然成为协调旅游业健康、快速发展的重要工具。旅游服务礼仪的作用是多方面的，其中最主要的作用有以下几个方面：

一、教育作用

礼仪是一个国家、一个民族的文明程度、社会风尚和道德水准的重要标志，也是衡量一个人综合素质高低的重要标志。礼仪教育是培养和造就社会主义社会一代新人的重要内容，其教育导向作用是不可或缺的，也是其他形式不可替代的。我国著名的思想家颜元说："国尚礼则国昌，家尚礼则家大，身尚礼则身修，心尚礼则心泰。"在旅游交往过程中，旅游服务人员知礼、懂礼、恰当运用服务礼仪，不仅可以不断提高自身道德修养，而且可以潜移默化地影响旅游服务对象的素质。

二、沟通作用

促进人际关系的沟通和交往，改善人们的相互关系，是礼仪的又一重要作用。现代社会人际交往日益增多，通过社交可以调节生活、建立友谊，交流感情、融洽关系，增长知识、扩展信息。要正常地交流就要讲究礼仪，礼仪的重要性越来越突出。在旅游交往的过程中，大家来自五湖四海，相互之间可能不认识、不了解，只有讲究礼仪，共同用礼仪来规范彼此的交际活动，才能拉近彼此的距离，增进相互之间的了解和友谊。如果不讲究礼仪，或者不能恰当地运用礼仪，即使你从内心里尊重对方，想得到对方的好感，也不会给对方留下好的印象。因为人与人之间的相互观察和了解，一般都是从礼仪开始的，比如一句关心的问候语、一次友好的握手都可以唤起人们的沟通欲望，相互建立起好感和信任，进而形成和谐、良好的人际关系，促进交际的成功。

三、协调作用

每个人由于成长环境及受教育程度的不同，再加上性格、职业、年龄、性别的差异，在交往中往往存在不同的价值取向。在人际交往中，为了维护自身利益，人们在行为方式上往往不同程度地带有"利己排他"的倾向。这就必然会使交往双方发生不同程度的矛盾和冲突。礼仪的原则和规范，约束着人们的动机，指导着人们为人处世的方法，从而能很好地协调人与人之间的关系、人与社会的关系，使人们在相互理解、相互尊重的前提下友好相处，创造和谐的社会秩序。

在我国，旅游业起步比较晚，旅游方面的法律、法规及市场运作都还不规范、不完善，在旅游消费过程中，旅游服务人员与顾客之间难免会出现矛盾，如果不懂得运用旅游服务礼仪来协调和处理矛盾，不仅会影响客人对某个旅游企业的看法，甚至会影响一个地区、一个国家的形象。

四、维护作用

良好的社会秩序与道德、法律规范紧密联系。《礼记》写道：“为政以礼。”法律是维持社会稳定的重要工具，但是法律并不能约束所有的关系，在法律所不及的领域内，就需要用道德、用礼仪来规范和维护社会的稳定了。

不论是生产活动还是日常生活，都必须按一定的客观规律办事，都必须有正常的社会秩序，每个人的行为都必须遵守一定的社会生活准则和规范，否则社会就会陷于混乱而无法正常运行。礼仪约束着人们的态度和动机，规范着人们的行为方式，协调着人与人之间的关系，维护着社会的正常秩序，在社会交往中发挥着巨大的作用。可以说，社会的运行与稳定，社会秩序的井然有序，人际关系的协调融洽，家庭邻里的和睦安宁，都要依赖于人们共同遵守礼仪的规范和要求。对于旅游企业和旅游服务人员而言，除了要遵守旅游方面的法律、法规外，还应依从旅游服务礼仪，这是维护旅游行业有序、健康发展的有力保证。

五、推动社会发展的作用

礼仪状况是社会稳定的晴雨表。衡量一个社会的礼仪状况，最主要的是社会的安定程度。一个由于经济贫困而引发社会动荡不安的社会环境是不会讲究礼仪的。“仓廪实而知礼仪”是一个规律。我国的社会主义物质文明、政治文明正在健康发展，社会主义精神文明也在不断进步和发展。社会主义物质文明、政治文明、精神文明的共同发展，构成了我国社会发展和进步的总趋势。礼仪是社会主义精神文明的一个重要组成部分，每一个旅游服务人员讲礼仪，就可以减少工作内耗，提高工作效率，企业创造更多的经济效益和社会效益。各行各业讲礼仪，将有利于推动社会的文明、进步与发展。

总之，礼仪是一个企业全面工作的重要组成部分。礼仪虽不像法律那么严肃，不像道德那么肃然，也不像企业的规章制度那么严格，但礼仪却如同春风化雨一般，对于建立企业良好的形象，对于协调方方面面的关系有着难以估量的价值。

【案例1】

富而有礼，以礼强国

新加坡的国民素质之高赢得了世界的公认，大凡到过新加坡的人，都对这个美丽的花园岛国留下了深刻的印象。这与新加坡长期在国民中大力开展礼仪教育有很大的关系。20世纪70年代后期，当时的新加坡总理李光耀就提出了要把新加坡建成一个“富而有礼”的国家。他们在大力抓国民经济建设的同时，将以“礼仪”教育为中心的国民素质教育提高到一个非常重要的位置，甚至将“忠、孝、仁、爱、礼、义、廉、耻”八种美德列入政府必须贯彻的“治国之纲”中。在新加坡，礼仪是每个公民都必须接受的教育内容之一。为规范国民行为，使之养成良好的礼仪习惯，他们甚至运用了法律手段来强化国民的礼仪意识。

分析：新加坡的“以礼治国”给予我们什么启示？

【案例2】

亚洲最佳饭店——天津喜来登

喜来登集团是世界上最大的豪华饭店集团组织之一。天津喜来登饭店开业不久，一位外宾发现他衣服上掉的扣子一到这里就被服务员钉好了，他很感动，立即写了表扬信。像这类小事不胜枚举，而正是这些小事使天津喜来登饭店树立起了良好的形象。员工的自觉行为被派来暗访的调查员上报到美国喜来登总部，该店被评为喜来登集团亚洲最佳饭店。

分析：天津喜来登饭店被评为喜来登集团亚洲最佳饭店说明了什么？

◎思考题

1. 如何理解旅游服务礼仪的概念？
2. 旅游服务礼仪的特点有哪些？
3. 举例说明旅游服务礼仪的重要性？

◎讨论题

结合大学生行为规范进行校园日常礼节、礼貌行为的讨论，养成从我做起、从身边的小事做起、从现在做起的好习惯。

1. 为什么说礼仪在我们身边？
2. 为什么说教养反映素质，素质体现于细节，而细节又决定一个人的成败？

第二章　旅游服务人员礼仪修养

中国是一个文明古国，中华民族是一个有着光荣传统的优秀民族，而我们现在从事的是社会主义旅游事业，走的是党中央、国务院提出的有中国特色的社会主义旅游道路，对旅游服务人员礼仪修养的要求更高。

第一节　旅游服务人员礼仪修养的意义

一、礼仪修养的含义

修养是一个广泛的概念，是指一个人在道德、技艺、学识等方面，通过刻苦学习、艰苦磨炼以及陶冶，逐渐使自己具有某些素质和能力。礼仪修养就是人通过学习、熏陶等，使自己在内具有良好的礼仪素质，并在外表现出彬彬有礼的举止和行为。礼仪修养是一个内外兼修的过程。

说到礼仪，不能不提到道德。礼仪和道德息息相关，道德是社会对人的基本要求，礼仪是为人处世的标准化做法，礼仪是道德的外化，礼仪修养是道德修养的重要组成部分。礼仪的至高境界，就是内心的道德修养。

二、加强礼仪修养的重要性

（一）加强礼仪修养是提高旅游服务人员职业道德的重要保证

旅游服务人员的职业道德是指在旅游职业活动中应遵循的原则和规范。如前所述，礼仪和道德互为表里，旅游服务人员只有加强自身的礼仪修养，才能自觉地遵守旅游职业道德和规范，也只有充分地发挥旅游职业道德的作用，把旅游行业建设成社会主义精神文明窗口，旅游服务人员自身的礼仪修养才能上一个新台阶。“道德仁义，非礼不成”，因此，旅游服务人员加强礼仪修养，是提高旅游职业道德水平的重要保证。

（二）加强礼仪修养是旅游服务人员文明接待、礼貌服务的前提

在接待、服务宾客的岗位上，礼仪修养好的人自然会彬彬有礼、自然大方、应对自如，会给宾客留下深刻的印象，有利于开展工作；礼仪修养不够的人则表现出怯怯生生、无所适从；或者在内心缺乏对客人的真诚和敬意，仅仅

满足于生硬模仿几个“高雅”动作。这些都会使服务工作大打折扣。所以，一个决心为旅游事业做出贡献的旅游服务人员应该把礼仪修养看做自身素质不可或缺的一部分，是完美人格的组成，是事业发展的基础，只有这样，才能在工作岗位上真正做到文明接待、礼貌服务。

第二节 旅游服务人员礼仪修养的方法

一、旅游服务人员礼仪修养的要求

（一）热情持重

热情指对人要有热烈的感情，使人感到温暖。持重是指对人热情的表现要有一定尺度，不可显得过于热情，也不能缺乏热情。热情持重体现着旅游接待中的“适度”。

“客人是我们存在的一切理由”，对待客人热情是服务工作的应有之义。这里所说的热情，是真诚的、发自内心的，而不是虚情假意的、浮于表面的。只有我们在内心真正对客人热情，在工作中才能做到“口到、身到、意到”。所谓“口到”，是指把我们的真心诚意用语言表达出来，对客人言语要热情；所谓“身到”，是指对客人的服务需要要及时迅速地满足；所谓“意到”，是指在服务中表情神态自然，和客人亲切互动。

当然，与客人交往的时候也不能过于热情，所谓“过犹不及”，太过热情有时会使服务效果适得其反。例如不管他人是否愿意，强迫别人吃饭；宴请时客人已酒足饭饱，还不停劝其继续用餐等。旅游服务接待人员过于热情容易使游客产生另有企图的印象。所以，我们在接待客人时应把握好热情的度，做到既热情又持重。

（二）公正无私

公正无私是高尚人格的标志。旅游服务人员应该具备公正无私这一最高层次的道德品质，在服务接待工作中做到“五个一样”：内宾与外宾一样、男宾与女宾一样、老的与少的一样、消费多少一样、买与不买一样。绝不能有任何看客施礼、厚此薄彼的做法，更不能有以貌取人、以财取人、以权利地位取人的错误工作方式。

（三）理解宽容

理解就是懂得别人的思想感情，理解别人的观点、立场和态度，体谅别人，领会别人的喜、怒、哀、乐。宽容就是宽宏大量，能容人，能体谅别人的过失。只有理解宽容，在服务过程中才不会出现缺乏沟通、产生隔阂这些影响服务效果的情形。旅游服务人员要做到理解宽容，在接待过程中，就应运用

“同理心”，多站在客人的角度思考问题，多听取客人的意见和建议。当和客人意见不统一时，不和客人对峙，把“对”让给客人，使客人真正感到“以客人为中心”。

我们来看看导游小刘是怎样用宽容化解和客人的纠纷的。小刘是某旅行社的导游，某次带团时碰到一位蛮不讲理、出言不逊的游客。该游客当众讲了许多侮辱小刘的话，连在场的其他游客也不满意这位游客的无礼行为。然而，小刘并没有针锋相对，而是“得理也让人”，亲切耐心地作解释，还表示欢迎这位游客今后有机会再来本地游玩观光。在场的其他游客都流露出对这位导游的敬佩神情，挑起事端的那位游客最后也惭愧不已，向导游当面致歉。

理解宽容就是说要豁达大度、有气量、不斤斤计较，表现为一种胸襟，一种容纳意识和自控能力。

（四）实事求是

实事求是是旅游服务活动的生命，旅游服务活动必须实事求是地传递信息，以诚待人。绝不能故意欺瞒、言而无信，让客人蒙受不必要的损失。

二、旅游服务人员礼仪修养的原则

（一）诚实守信

古人云：“守礼者，定知廉耻，讲道义。”诚实守信是旅游服务人员礼仪修养的重要原则之一。

诚实是指待人的真实不欺和说话客观公正；守信是指人说话算数，言行一致。

礼仪绝不是外表的伪饰，真正掌握服务礼仪精髓的人是发自内心地表现出对他人的尊重、友好，表里如一。

诚实守信原则要求旅游服务人员在旅游服务工作中，必须认真而严格地遵守对客人的所有承诺，实事求是地向客人提供关于服务和商品的所有信息，如性能、质量、价格、其他问题等。在一切有关时间方面的正式约定之中，尤其需要恪守不怠。

要做到诚实守信，需要注意以下几点：

（1）许诺必须谨慎。

（2）对于已经作出的约定，务必要认真地加以遵守。例如，许诺客人何时上菜，就应该做到不延时上菜。

（3）万一由于难以抗拒的因素，致使自己单方面失约，或是有约难行，需要尽早向有关各方进行通报，如实地解释，并且还要郑重其事地向对方致以歉意，并且主动承担因此给对方造成的损失。

（二）自尊和尊重他人

尊重原则是礼仪修养的最重要的原则。尊重原则包含两层含义：尊重自己和尊重他人。尊重他人是赢得他人尊重的前提。只有相互尊重，人与人之间的关系才会融洽和谐。

“礼者，敬人也!”尊重他人讲的是对待他人的态度。这种态度要求承认和重视他人的人格、感情、爱好、习惯和职业、社会价值以及所应享有的权益。

旅游服务人员对客人的尊重要注意三点：（1）给客人充分表现的机会，多倾听客人的意见，少夸夸其谈；（2）对客人表现出最大的热情；（3）给客人永远留有余地。尊重客人就是尊重客人的选择，任何时候不能非议客人的选择，把自己的意志强加给客人。

旅游服务人员的自我尊重是指尊重自己的职业、人格、岗位等。一个自我尊重的人，往往是一个热爱自己的国家和民族的人，是尊重自己的职业、单位和服务对象的人，是希望通过自己的“精通业务、坚守岗位、勤奋工作、团结协作”而获得威望、承认、赏识的人。

（三）讲究适度

在哲学上，“度”指的是一定事物保持自己质的数量界限，超过这个界限，就要引起质的变化。所谓适度，就是在运用礼仪时，为了保证取得成效，必须注意技巧，使行为举止合乎规范。特别要注意针对具体情况做到得体，掌握分寸。比如对待服务对象既要彬彬有礼，又不能低三下四；既要热情大方，又不能轻浮谄谀。当然，旅游服务人员在运用礼仪时做到恰到好处、恰如其分，并不是一朝一夕所能达到的，只有勤学苦练、积极实践才行。

（四）自律

君子不失足于人，不失色于人，不失口于人，这是中国古人之训。旅游服务活动中与他人交往，同样不可随心所欲，要做到自律和自重。自律就是要自我约束；就是要在运用礼仪时积极主动，自觉自愿，表里如一，自我对照，自我反省，自我要求，自我检点，自我约束，不允许妄自菲薄，自轻自贱；也不能人前人后不一样，生人熟人面前不相同。

（五）入乡随俗和灵活利用

入乡随俗，是旅游服务礼仪的基本原则之一。在涉外交往中，要真正做到尊重交往对象，首先必须尊重对方所独有的风俗习惯。去其他国家或地区进行工作、学习、参观、访问、旅游的时候，更要对当地所特有的风俗习惯有一定的了解和尊重。

在涉外交往中，当自己身为东道主时，通常讲究“主随客便”；当自己充当客人时，要讲究“客随主便”。这两种做法都是对入乡随俗原则的具体贯彻落实。之所以要认真遵守人乡随俗原则，主要是基于以下两方面的原因：

第一，世界上的各个国家、各个地区、各个民族，在其历史发展的具体进程中，形成各自的宗教、语言、文化风俗习惯，并且存在着不同程度的差异。这种“十里不同风，百里不同俗，千里不同情”的局面，是不以人的主观意志为转移的，也是世间任何人都难以强求统一的。

第二，在涉外交往中注意尊重外国友人所特有的习俗，容易增进中外双方之间的理解和沟通，有助于更好地向外国友人表达我方的亲善友好之意。

灵活利用，是要求旅游服务人员能够将所学的服务礼仪知识灵活运用于实际生活当中，不需循规蹈矩，按部就班，而应随机应变，活学活用。

三、旅游服务人员礼仪修养的方法

礼仪修养是家庭背景、人生经历、受教育的程度和社会影响共同作用的结果，是后天磨炼的结果。礼仪修养的提高除了依靠自身道德水平的提高外，还要依靠礼仪知识的学习。旅游服务人员必须明确，只有通过有意识的学习、仿效、积累，才能使我们的礼仪修养达到一定的水准，才能塑造出良好的旅游企业形象，才能使我们成为优秀的旅游人才。

旅游服务人员可以从以下几方面加强自身的礼仪修养：

（一）加强科学文化知识的学习

《论语》有云：“质胜文则野，文胜质则史，文质彬彬，然后君子。”这句话的意思是说，质朴多于文采，人就未免粗野；文采多于质朴，又未免虚浮。文采和质朴两者适当，才能算是君子。这是孔子为君子立的行为标准。从这句话我们就可以看出加强科学文化知识的学习对礼仪修养的重要性。

科学文化知识的学习可以拓展人的视野、开阔人的胸襟、提高人的素质、深化人的内涵。通过科学文化知识的学习，吸收前人和他人的智慧来滋养自己的灵魂，可以让我们在待人处事时，更加宽容，更加通透。同时，内在素质的提高也可以外化在我们的行为举止上，使我们“文质彬彬”，“腹有诗书气自华”。因此，旅游服务人员要提高自身的礼仪修养，应自觉加强科学文化知识的学习。

（二）努力学习礼仪知识

“人非生而知之，孰能无过?”礼仪知识不是天生就具有的，它需要通过学习获得。礼仪知识的获得主要通过这样几个途径：家庭熏陶、社会影响、学校传授、个人自觉。在这几个途径里，旅游服务人员可以努力的方面就是通过个人自觉，从一切泉源吸收礼仪知识。在这个问题上，我们不妨学学《红楼梦》里的林黛玉。林黛玉幼年失母，父亲工作忙碌，无暇照顾。贾母心疼外孙女，就把黛玉接到贾府照顾。黛玉为了迅速学会贾府生活的礼仪，不让人耻笑自己，“时时小心、处处留意”，观察贾府其他人的言行举止，并认真模仿。

（三）积极进行礼仪实践

我们经常可以看到这样的现象，有的旅游服务人员说起对客服务的礼仪知识来头头是道，可在工作中的表现却差强人意：该微笑服务的时候冷若冰霜，该积极主动的时候不知所踪。理论和实践严重脱节。

所谓“知之者易，行之者难”，空有满腹礼仪知识，却不用在实际工作中，不用在日常生活里，礼仪修养的提高也是一句空话。要切实加强礼仪修养，就要求礼仪服务人员自觉地把所学知识运用到实践中，养成礼仪习惯，让礼仪真正成为自身素质的一部分。

（四）养成良好的心理素质

在实际工作中，也常常出现这种现象：大多数情况下，旅游服务人员都能够礼貌周到地为客人服务，但遇到自己心情不好、和客人关系紧张等状况时，就容易对客人失礼，影响服务的效果。出现这种情况，一方面反映了旅游服务人员职业素养不到位，没有调试好自己的角色，没有正确认识服务工作的性质。另一方面也反映出旅游服务人员心理素质上的问题。良好的心理素质有利于礼仪知识和礼仪实践的结合，有利于提高礼仪修养。因此，旅游服务人员有必要在心理素质的修炼上下工夫。

对旅游服务人员心理素质的要求主要体现在以下几个方面：

1. 积极心态的建立

拥有积极心态的人，更容易看到生活和工作中好的、阳光的一面，而忽略掉不好的、阴暗的一面。积极的心态对任何职业都非常重要，对服务岗位尤其如此。单调的工作、服务和被服务的关系，旅游服务工作的这些特点往往容易使服务人员感到疲倦和烦躁，对工作失去信心。这时，就需要用积极的心态进行自我激励，形成职业的自豪感、神圣感、使命感。多和同事、客人沟通等，都是形成积极心态的好方法。

2. 自我情绪控制

成就任何事物都要靠情感的自制力——自我情绪控制。自我情绪控制是在受到较强刺激或处于不利的情境中时，能保持自己情绪的稳定，并约束自己的行为的能力。美国密歇根大学心理学家的一项研究发现，一般人的一生平均有十分之三的时间处于情绪不佳的状态，因此，人们常常需要与那些消极的情绪作斗争。情绪变化往往会在我们的一些神经生理活动中表现出来。比如，你接待的旅行团中的第一位游客到达后，就把你批评了一顿，因此你的心情就会变得很不好，情绪很低落。但你会不会把你的不愉快转移给下一位到达的游客呢？这就需要旅游服务人员及时调整自己的情绪。因为对于游客，你永远是他对该次的第一印象，你应该以热情周到的服务迎接每一位客人。职业要求旅游服务人员带着“永恒的微笑”，不管自己遇到什么困难、内心多么烦躁甚至痛苦、不管遇到多么挑剔的服务对象，都应通过自我调节加以控制。个人的喜怒哀乐、心理失衡应通过正确渠道去宣泄，而不应带给服务对象，这不仅是旅游服务人员应具备的一种能力，而且也应是旅游服务人员的一种职业道德。

四、旅游服务人员道德修养的方法

我们说过，道德和礼仪息息相关，道德是礼仪的内涵，礼仪是道德的外化。要提高礼仪修养，也有必要探讨一下道德修养的方法。

一般来说，提高道德修养需要经历以下几个过程：

（一）端正道德认识

要提高道德修养，旅游服务人员首先要有正确的道德认识，明确什么行为是符合道德的，什么行为是不符合道德的。也就是要认清对错。

（二）养成道德情感

在正确的道德认识基础上，在情感上，要有鲜明的好恶，在工作和生活中，旅游服务人员应旗帜鲜明地赞成正确的道德行为，反对错误的道德行为。

（三）锻炼道德意志

要做到在任何时候都能坚持正确的道德行为，反对错误的道德行为，“富贵不能淫，贫贱不能移，威武不能屈”，就需要锻炼我们的道德意志。自我审视、自我鞭策、自我激励等都是锻炼道德意志的方法。

（四）树立道德信念

经过艰苦的意志锻炼过程，旅游服务人员就会形成坚定的道德信念。无论是面对诱惑还是惩罚，是独处还是共处，都会坚持自己的信念。

（五）形成道德行为和习惯

道德信念最终应该落实到行为上，把我们奉行的信念化为实践，并长期坚持，形成习惯，意味着旅游服务人员道德修养的最终完善。

【案例 1】

由生气到客气

一天，宜昌市某星级酒店服务员周小姐正在包房为五位就餐客人服务，其中的一位客人冲着周小姐喊加三套餐具，也许是临时加的位置比较窄，客人突然很生气地对周小姐说：“你这服务员是怎么回事？我叫你加三套餐具你怎么才给我空出两套餐具的位置？你小学三年级还没毕业吗？几套餐具你都数不清吗？”听了这话，周小姐虽然内心很不舒服，但她脸上却始终保持着甜甜的微笑，一边做着解释，一边不停地忙碌着，丝毫没有表露她内心的不快情绪。到最后，在送客人出门时，那位客人突然转身对周小姐轻轻地说了一声“谢谢”，随处可听到的两个字，此时周小姐感觉到了它不一样的分量。

分析：本案例中周小姐的行为对你有何启发？

【案例 2】

谦虚也有错的时候

一位英国老妇到中国游览观光，对接待她的导游小姐评价颇高，认为她服务态度好，语言水平也很高，便夸奖导游小姐说：“你的英语讲得好极了！”小姐马上回应说：“我的英语讲得不好。”英国老妇一听生气了，“英语是我的母语，难道我不知道英语该怎么说？”

分析：英国老妇生气的原因何在？

◎思考题

1. 旅游服务人员为什么要加强礼仪修养？
2. 旅游服务人员礼仪修养的原则是什么？
3. 旅游服务人员礼仪修养的途径有哪些？

◎讨论题

结合实际讨论旅游服务人员为什么要加强道德修养？

第三章　旅游服务人员的仪表礼仪

第一节　旅游服务人员仪表礼仪

一、仪表美的含义

仪表，通常指的是人的外表，包括仪容、仪态和服饰等方面，它是人们精神面貌的外在表现，是构成人际交往时的基本因素。形体、容貌、服饰是仪表的静态因素，姿态、举止、风度是仪表的动态因素。身材和容貌是天生赋予的，而仪表美则可以通过自然的妆容、得体的服饰、优雅的举止、内在的修养来塑造。

中华上下五千年的文明史，造就了华夏民族深远的礼仪文明。人们的礼仪举止，不仅具有时代的代表性，还反映了一个国家、一个民族的综合素养和文明程度。旅游作为我国的窗口行业，肩负着宣传中国旅游文化、展示文明礼仪的时代重任。保证旅游业服务质量、提高旅游从业人员的综合素质，最基本的要求就是——礼仪美。仪表美是静态美与动态美的相得益彰，是内在素质和外在形象的和谐统一。仪表美的含义分为三层：其一，五官端庄秀丽、体态优美匀称是仪表美的基本体现。其二，通过后天影响形成的仪表美。美丽的容颜并不是人人都拥有，即使天生丽质也需要后天的修饰才能展现。通过化妆修饰面容、得体的服饰修饰身材，优雅的举止来塑造仪表美。其三，内在美的体现。所谓慧于中才能秀于外，没有高尚的品德、丰富的学识、优雅的谈吐，再精心修饰的美也只是外在浅薄的。所以说仪表美应该是由内至外的自然表现，外在美只是仪表美的基础，其核心在于人们的内涵、修养不断提升。对旅游服务人员来说，塑造仪表美不仅是个人形象的展现，满足旅游者的审美需求，更是为了赢得外界对旅游企业良好评价，从而提升企业的美誉度。

二、旅游服务人员注重仪表美的意义

在旅游服务中，宾客首先见到的是服务人员的外在形象。靓丽的仪表让宾客赏心悦目，对消费心理产生重要影响，从而接受服务、认可服务，进而享受

服务，最终实现员工价值、企业价值。因此，注重仪表美对旅游服务人员有着深远的意义。

（一）仪表美是旅游服务人员的基本素质

强调旅游服务礼仪，规范服务行为，是为了使服务人员与宾客在最初的交流和交往过程中，留下美好、深刻的印象。旅游服务的特点决定了服务人员是直接面对面地为宾客提供服务。宾客在接受服务时，除了物质上的享受，还注重精神上的感受，他们希望感受一切美的事物。宾客对服务的第一印象往往来自服务人员展现的仪容仪表。根据心理学的“首因效应”，得体的仪表是保证人际交往正常进行的基础。端庄大方的仪容、整洁得体的服饰，既维护了个人和公司的形象，也体现了服务人员对工作的高度责任感。良好的仪容仪表会产生积极的涟漪效应，起到宣传效果，弥补服务中硬件和软件的不足。因此，员工注重仪表美既是积极精神面貌的体现，又是使宾客满意、提供优质服务的前提。

（二）仪表美体现对宾客的尊重

仪表美是旅游服务礼仪的基本要素。每个人都有被尊重的心理需求，宾客在饭店消费或参加旅行社组织的旅游活动时，追求的是一种高于日常生活标准的感受，一种美的享受。大方、端庄的仪表不仅能满足宾客审美的需要，更能让他们感受到贵宾般的待遇，使宾客的身份和地位得到彰显，也使其求尊心理得到满足。

（三）仪表美直接影响服务效果

人际交往之初，一般通过仪表来认识和了解对方。仪表具有直接的视觉效果。旅游服务人员为宾客服务之初，宾客是否接受、认可其服务，取决于服务人员留下的第一印象。美好的第一印象，会使宾客形成一种愉悦的心理和情绪定势，在服务过程中产生积极的作用。因此，仪表美直接影响旅游的接待效果，影响服务的最终评价。

（四）仪表美体现了旅游企业的管理和服务水平

现代的企业管理水平逐步与国际接轨，讲究标准化、规范化、国际化。企业管理者充分认识到员工的仪表仪容如不能满足宾客的审美享受，将直接影响服务效果、企业形象和经济利益。因此，仪表仪容成为企业，也是员工的一项基本的考核标准，是企业提高经济效益、树立企业形象的重要手段，是体现企业服务和管理水平的重要标志。

三、旅游服务人员仪表美的基本要求

旅游活动是为满足宾客精神需求而进行的高层次的审美活动，旅游服务应满足其审美享受。仪表美是旅游服务质量优劣评价的重要因素，其基本要求是：容貌端正，举止文雅，端庄稳重，不卑不亢，态度诚恳，待人亲切，服饰整洁，打扮得体，彬彬有礼。具体可概括为以下几点：

（一）讲究个人卫生，树立整洁清爽的形象

个人卫生反映出服务人员的基本修养，在对客服务中会影响宾客的情绪，从而影响服务质量。个人卫生是服务人员形象的组成部分，干净、清爽的形象给人一种清新向上、精神饱满的感觉，反映出服务人员积极乐观的面貌，也会感染每一位宾客，让他们感到轻松、愉悦。

个人卫生的基本要求：

首先，旅游服务人员应保持面部及身体的清洁。勤洗头、洗澡，注重口腔卫生，保持手指及指甲的清洁，以积极的面貌、健康的形象为宾客提供优质的服务。

其次，服饰干净、整洁。“衣贵洁，不贵华。”旅游服务人员要求做到勤换衣袜，保持衣裤无污垢、油渍、异味，特别是领口、袖口、上衣前襟要白净。衣、裤、裙没有破边和漏缝，衣裤不起皱。职业装穿前要烫平，穿后要挂好，做到上衣平整、裤线笔挺。着装应给人一种自然清新、端庄大方的感觉，而不是时尚新奇、雍容华丽，否则会让宾客质疑服务人员的素质和修养，引起反感情绪，导致消费行为的终止。

（二）注重和谐统一的原则

仪表美强调内在美和外在美的和谐统一。旅游服务人员应注重仪容仪表的每一个细节，包括面部的适当修饰、服饰的搭配、个人气质的培养、体态的优雅自然、内在的修养等。旅游服务人员除了要注重个人外表，更应丰富自身的文化内涵，养成良好的职业素养和礼仪习惯。行为得体，举止优雅，谈吐文明，面对宾客不卑不亢，真诚地为宾客提供服务。自然、端庄、大方的仪表能使人产生亲切友好的感觉，拉近与宾客间的距离，达到事半功倍的服务效果。

第二节　旅游服务人员服饰礼仪

一、服饰是形象塑造的重要因素

服饰是一种特殊的“语言”，它向人们传递着一个人的社会地位、文化素养、审美标准以及对生活的态度等信息。因此，服饰礼仪是仪表中的重要因素。俗话说“人靠衣装，佛靠金装”，服饰也被称为是“人的第二皮肤”，是对自身和宾客起码的尊重，是整体形象塑造的基本条件。

随着人类文明的进步，服饰功能的内涵从最初的“遮羞和保暖”逐渐扩大，集多功能性、实用性、舒适性及时代个性为一体。恰当的装饰可以扬长避短、扬美遮丑，凸显气质风度，给人以美感。服饰的选择和穿着已成为人们身份、地位、职业、品位的象征，也反映出一个人的文化修养、审美情趣、精神面貌和生活态度。服饰体现文明礼仪，是现代文化的载体，反映个人素质修养和组织管理水平，也是一个国家经济发展的标志。

旅游服务人员的服饰美是仪表美的重要组成部分。服饰是否得体直接影响着服务的质量。得体的穿着、干净整洁的服饰给宾客良好的第一印象，使其服务有良好的开端，也更容易与宾客沟通。

服饰合乎规范是旅游服务人员素质修养、工作态度的体现。服务人员的服饰应符合服务环境、服务性质、服务职责，它不仅是个人形象的代表，也是企业组织形象的代表。因此，旅游企业要规范服务人员的服饰，重视对服务人员的礼仪培训，从管理上制度化，从而树立良好的企业形象。

二、服饰着装原则

（一）着装“TPO”基本原则

着装“TPO”原则是指人们的穿着打扮要兼顾时间（Time）、场合（Place）、目的（Object），并与之相应。旅游服务人员的服饰礼仪也要符合“TPO”的基本原则，穿衣打扮随服务的对象、时间、地点及目的这些因素的变化而变化。做到服饰与周围的环境、气氛相融洽，才能产生和谐的审美效果。不宜穿着与时代流行趋势格格不入的服饰，特别是过分暴露、夸张的服装。

（二）符合年龄、身份的原则

选择服饰要适合自己的年龄。追求美是积极的生活态度，但也要树立正确的审美观。一位中年妇女如果穿得像少女，会让人感觉做作，甚至缺乏基本的审美修养。

选择服饰应适合自己的职业和身份。在服务过程中，穿着与职业身份不相符的服饰，容易造成服务的不便和宾客对服务人员的错误理解，从而影响服务质量。旅游服务人员的服饰应整洁、大方、端庄、方便，符合职业特点。端庄大方的服饰会增强亲和力，给宾客可信任的感觉，简洁方便的服饰能保证工作的顺利进行。旅游服务人员的服饰是服务人员的职业标志，反映出仪表礼仪和行业特色。旅游业不同职业间也有其各自的特色服饰。比如，中国海南导游统一穿着的沙滩装，宾馆根据企业特点设计的宾馆制服，都展现了其服务的规范化和独特的企业文化。

（三）符合身材、体型、肤色的原则

人的身材有高矮之分、胖瘦之别，肤色也有黑白之异。因此，在服装的选择上要扬长避短，穿着得体，如此才能体现女性的优雅和男性的风度。

穿衣要考虑身材。人的身材可分为梨形、倒三角形、直线形、凹凸形等。梨形身材的特点是上小下大。此种身材最好使用垫肩，使上下比例保持均衡，为了避免扩大下身的视觉效果，最好不要选用紧身上衣、宽腰带装、大圆裙、宽裤腿等类型的服装。比较适合的款式是“上长下短”，不加腰带的外套、连衣裙或体现线条的瘦长直筒裙等。倒三角形身材的特点是宽肩窄臀。这种体型适合穿各种服装，但不要使用垫肩，以免上身过大。直线形身材通常显得瘦高，应避免穿露颈部较多的低领口衣服，适合的款式是轻飘有动感的服装。凹凸形身材的特点是隆胸蜂腰，适合穿合体的套装和束腰带的衫、裙，而不宜穿宽松的罩衫，以避免掩盖纤腰。

穿衣要考虑体型。“男以刚为强，女以曲为美"，这里的“曲”指的是女性的线条美，而线条和色彩都能恰到好处地遮盖身材的缺陷，展现出最美的韵味和风度。例如：体型矮胖的人适合深色、单一色、竖条纹的服装；体型高瘦的人可选择浅色、横条纹、杂色的服装；脖子短粗的人可选择无领、低领、V形领的上衣；脖子太长的人应避免穿着领口开得很大的衣服。腰部粗大的人衣服下摆不可宽大，不适合系腰带；腿部粗大的人注意不宜穿着过紧的裤子及不到膝盖的短裙、短裤等。

穿衣要注意肤色。要根据自己的肤色进行服装的合理搭配。肤色较黑的人，宜选择色彩明朗、图案较小、面料柔和的服装，避免穿暗色调的衣服；肤色苍白的人不宜穿粉红、浅绿、嫩黄等颜色娇艳的服装；肤色较白的人，衣服的颜色无论深浅都合适。

旅游服务人员应了解自己身材、体型及肤色的优缺点，懂得正确地选择服饰来表达个人的独特魅力。

三、女性职业服饰

现代女性作为拥有独立人格的个体，越来越重视自身价值的体现，随着社会地位的提升，对自身的要求也越来越高。她们对服饰的需求已不满足于简单追求外表的美观，在激烈竞争的职场中，服饰必须要向外界展现她们的独立、自信和知性魅力，使服装无形中为协调人际关系、提高工作效率、职位升迁起到良好的促进作用。因此，职业女性注重服饰礼仪，能使自己所扮演的社会角色和从事的社会活动相称，与周围的整体形象相协调。

职业女性对服装要求大方、得体、端庄，花色和款式都不要太过夸张，服装不易起皱，穿脱方便并且舒适。职业女性可依据场合、年龄、职业、体形等综合因素选择适合自己的服饰，体现完美气质。

目前女装款式多样，国际上公认同时也备受女性青睐的职业服饰便是裙式套装。

（一）裙式套装的选择

裙式套装简称套裙，是指质料和颜色相同的女士西装上衣和裙子。套裙在面料质地、款式、色彩上没有太多的限制。套裙能够勾勒出女性的曲线美，体现女性庄重、典雅、端庄的职业气质。

套裙在造型上讲究量体裁衣、做工精细。上衣平整、挺括，较少使用图案、花边点缀。西装套裙的款式多样：围裹裙、一步裙、筒裙等，风格端庄；旗袍裙、人字裙、百褶裙等，飘逸洒脱。套裙长度一般到膝盖或过膝一点。套裙中的短裙，裙长应以不短于膝盖以上15厘米为限。图案上一般采用较多的方格、条纹、圆点等规则的图形，并配以浅色的衬里。不宜用花卉、人物、抽象图形等作为主体图案，避免不稳重、不端庄。在面料方面，应首选质地上乘的面料缝制，上衣和裙子应采用同一质地、同一色彩的素色面料。色彩一般讲究朴素、简洁的素色面料，以冷色调为佳，如炭黑、藏青、中灰、褐色、驼色等。在此基础上，也可稍做调整，如上深下浅或上浅下深的对比配搭，更显职业女性的活力和个性。上衣纽扣也应遵守套装固有的规定，分为单排扣式和双排扣式，纽扣数量最少为1粒，最多为6粒。

（二）女士套裙的穿着原则

1. 穿着整齐规范

套装应在熨烫平整后穿着。套装上衣最短应齐腰，裙子最长不过小腿中部，否则就会显得不协调。西装套裙应量体裁衣，不应过于宽松，以免显得随意散漫，也不应过于紧身，以免显得轻浮。上衣领口要翻好，避免领口开得过大。在任何情况下，内衣不能外露。单排扣的上衣可以不系扣，双排应都扣好。但旅游服务人员在工作时，无论什么款式的上衣，都必须将衣扣全部系上，衣袖不得卷起，以示对宾客的尊重。

2. 讲究搭配

套裙需配上相协调的衬衣，衬衣下摆应扎在裙子里。根据需要可系上领带、领花、丝巾等，起到“画龙点睛”的作用。穿着套裙还应配以丝袜和皮鞋，丝袜以肤色或黑色为佳，忌讳露出丝袜袜口以及穿着彩色、网状、图案繁杂和有破损的丝袜。皮鞋以高跟和中跟为佳，颜色应与裙装同色或略深。

3. 不恰当的着装

女性的职业着装，一般不宜过分时尚、过分暴露、过分可爱，还应避免露肩、露臂、露腰、露腹，应以端庄、典雅、大方为宜。

四、男士西装的穿着

西装又称“西服”、“洋装”。广义指西式服装，是相对于“中式服装”而言的欧系服装。狭义指西式上装或西式套装。西装造型优美、做工讲究，男装穿起来潇洒，女装穿起来优雅，并从欧洲影响到国际社会，成为世界认可的国际性服装。

适合穿着西装的场合很广，主要有上班公务、商务活动、社交宴请等，可作正装也可充当礼服，这也是为什么它在国际上通用、流行的原因。西装也是旅游行业广泛选用的工作制服。西方俗语说“西装七分在做，三分在穿”，说明西装讲究剪裁、面料、款式、搭配，要想达到美观、潇洒的效果，必须选择合适的西装，同时注重穿着的礼仪和细节。

（一）西装的选择

要挑选一套得体的西装，需要关注面料、色彩、款式、图案、造型、尺寸、做工等方面的细节。

1. 质量

选择西装，最重要的不是价格和品牌，而是包括面料、裁剪、加工工艺等在内的许多质量细节。西装面料不能太轻薄、透明，质地应有较好的垂坠感，毛料始终为首选面料。

2. 合体

西装穿着最重要的是合体，合体才能体现挺括的西装特色，所以量身订做才能穿出好的效果。西装外套挺括的重点在于肩膀的宽度是否得宜，宽度不足二头肌部位就不合身，袖子就无法自然地自肩膀落下。衣身最标准的长度应该是盖过臀部。西裤的腰身以能插进一只手掌为宜，裤长以前片裤脚刚刚碰到皮鞋面前端为宜。

3. 款式

西装的款式主要分为以下两大类：

（1）单件上装和套装。单件上装是一件和裤子不配套的西装上衣，只适用于非正式场合。穿着上可以随便些，不一定要搭配领带。套装指上下装面料、色彩一致，有两件套和三件套之分。两件套西装包括上衣和西裤；三件套西装包括上衣、西裤和一件背心（马甲），内配单色衬衫。套装如作正式交际场合的礼服用，色调应比较深，最好用毛料制作。在半正式交际场合，如在办公室参加一般性的会见，可穿色调比较浅一些的西装。在非正式场合，如外出游玩、购物等，如穿西装，最好是穿单件的上装，配以其他色调和面料的裤子。

（2）单排扣和双排扣西装。单排扣西装有一粒扣、两粒扣和三粒扣几种款式。比较适合工作场合和休闲场合。双排扣西装较常见的有两粒扣、四粒扣、六粒扣三种。给人以庄重、正式的感觉，多在正式场合穿着，适合于正式的仪式、会议等。

4. 色彩

正式场合必须选择庄重、正统、颜色偏深的整套西装。旅游服务人员的职业服饰也应遵循这个原则。深灰、棕色、藏蓝色都是男士们的首选，而黑色适合于庄严、肃穆的场合。

由于中国人脸色偏黄，在选择颜色时应少选黄色、绿色、紫色色系，宜选深蓝色、深灰等暖、中性色等。脸色较暗的男士，可选择浅色系和中性色。

5. 配件

西服套装的整体美还需要一些相应的配件，具体有衬衫、领带、领带夹、皮鞋、袜子等，其中衬衫、领带和鞋子的选择尤为重要，是决定着装是否成功的三大因素。

（1）衬衫。穿西装必须配硬领衬衫，且必须平整、不外翘、松紧适宜，以能伸进两个手指为宜；领口要露出西装上衣衣领约半寸；正装衬衫应是长袖，袖口到手腕为宜，且应多出西装袖口 1 ~ 2 厘米；衬衫的颜色以单色为佳，白色为百搭色。正装衬衫一般无图案，显得正式、庄重。

（2）领带。领带——“西服的灵魂”。领带的巧妙搭配能对西装的整体美起到“画龙点睛”的作用，不论在款式还是色彩上，领带都打破了深色厚重西装的沉闷和单调，使整体看起来庄重而不失生气。

领带的选择：面料上，最高档的领带是用真丝或羊毛制成，其他面料制作的领带不太适合正式场合使用。款式上，有宽窄之分。选择领带要客观评价自己的身材，要和肩宽成正比。领带的宽度应该与西装翻领的宽度搭配协调，长度一般为 130 ~ 150 厘米，具体依据自身身高决定。图案上，素色无花纹、斜条、圆点、小碎花较为常见，一般适用于正式场合。花卉、景观、不规则图形、夸张图案的领带只适用于非正式场合。色彩上，领带的色彩应与西装外套和衬衫的颜色相协调，可为同一色系或相近色，三者搭配应有层次感，一般以深浅色调搭配为原则。颜色简单的衬衫可以搭配花样复杂多变的领带，比较花哨的衬衫则适合搭配单色的领带。

（3）领带夹。领带夹的主要作用是固定领带，以免随风飘起，显得不雅。领带夹应夹在领带从上至下三分之二处，一般为衬衣的第四、五粒扣子之间。现在国际礼仪上已很少提倡使用领带夹。

（4）皮鞋和袜子。穿西装时，男士选择的鞋子和袜子应符合着装要求，并注意搭配。严格来讲，穿西装只能配黑色皮鞋，而不能穿布鞋、旅游鞋、凉鞋等。黑色牛皮鞋与西装最为般配。正式场合所穿皮鞋应没有任何图案、装饰，款式以黑色系带皮鞋为最佳选择。

穿西装、皮鞋时，相配套的袜子最好是纯棉、纯毛的单色、深色袜子。袜子颜色与裤子、鞋同色或更深。黑色、藏蓝、深灰色适合与深色西装相配。不能穿白袜子、花袜子或是浅色、发亮的袜子。袜子要干净无异味，无破洞，合脚。

（二）西装着装规范

西装的选择和穿法都不能随便，着装规范更是礼仪的基本要求。

1. 西装挺括、洁净

西装平时穿着要注意保养，一定要定期干洗，穿着前熨平整。西装只有穿起来显得平整挺括、线条笔直，它的美感才能充分地展示出来。衣袋和裤袋都不宜乱放东西，不能让口袋显得鼓鼓囊囊，使西装整体外观走样。

2. 西装外套和配件着装要求

（1）西装上衣。在正式场合，单排两粒扣上衣，只系上边一粒，也可不扣；单排三粒扣只系中间的或全不扣，坐下后可以解开。双排扣上衣在任何场合都要把纽扣全都系好，坐下后也不能解开。如果穿三件套的西装，只需将马甲的所有扣子系好，外套的扣子不扣。西装上衣左胸前的衣袋起装饰作用，只能放置装饰手帕。

（2）西裤。西裤要笔挺，特别是裤线要熨烫挺直。勿将钥匙别在裤腰上。裤袋不宜放任何东西，使其挺括。常用物品，如钥匙、钢笔、手帕、名片夹、通讯录等都应放在手提包里。

（3）衬衫和领带。在正式场合，穿西装应系领带。领带打好后，最下端应刚好触碰到皮带扣的正上方。系领带时，衬衫领口的纽扣要扣好。不系领带时，只可解开最上面的一粒纽扣。衬衫的下摆必须塞在西裤里。衬衫与西装上衣搭配时，袖扣一定要扣好，脱下西服上衣，衬衫袖子可以挽起，但只能按衬衫袖口宽度挽两次，切勿挽过肘部。

西装的穿着应合时、合地、合景。根据不同场合选择合适的西装。

（三）西装穿着禁忌

忌留有商标。购买回来的西装一定要记得拆除左衣袖上的商标等标志。

忌西装不合身。如衬衫领子太大，领脖间存在空隙；西装上衣袖子过长；西裤短，走路时露出袜子；白袜黑鞋搭配。

忌领带打法错误。领带打好后不能长到腰，显得人的上下比例不协调；也不能短在胸前，显得挺着肚子，缺乏气质和美感。

忌卷挽。不能不经主人同意当众脱下西装上衣，也不能把衣袖、裤边卷起，否则就显得失礼。

忌西装的上衣、裤子口袋鼓鼓囊囊。

忌西装搭配不协调，总体色彩超过三种。

忌在衬衫内穿高领内衣，可选择“U”领或“V”领内衣，以免内衣外露。西装内不宜穿毛衣等厚重衣服，可选择素色、薄型、“V”领羊毛衫，既可以系领带，又不会显得臃肿。

☞ 领带系法

1. 平结

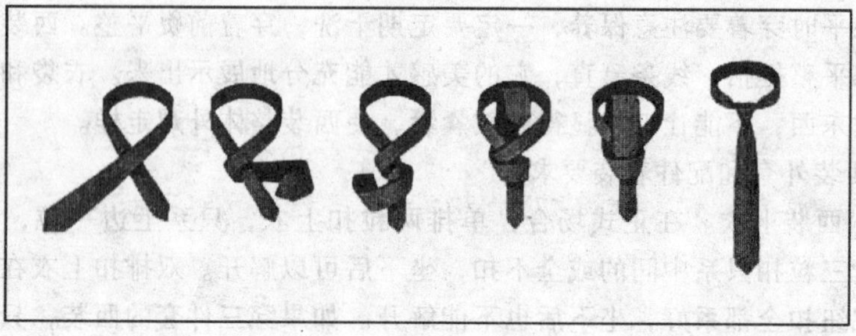

平结为男士选用最多的领结打法之一，几乎适用于各种材质的领带。要诀：领结下方所形成的凹洞需让两边均匀且对称。

2. 交叉结

这是对于单色素雅质料且较薄领带适合选用的领结，喜欢展现流行感的男士不妨多加使用“交叉结”。

3. 双环结

一条质地精细的领带再搭配上双环结颇能营造时尚感，适合年轻的上

班族选用。该领结完成的特色就是第一圈会稍露出于第二圈之外，可别刻意给盖住了。

4. 温莎结

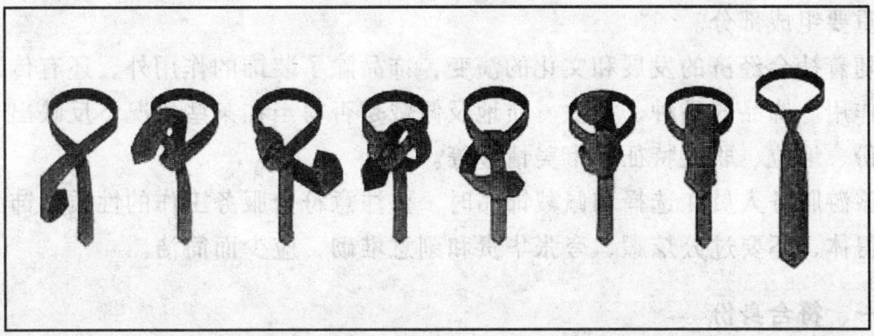

温莎结适合用于宽领型的衬衫，该领结应多往横向发展。应避免材质过厚的领带，领结也勿打得过大。

5. 双交叉结

这样的领结很容易让人产生高雅且隆重的感觉，适于正式活动场合选用，可多运用在素色丝质衬衫上。

第三节　旅游服务人员饰品佩戴原则

着一身精心设计的服装，还应巧妙地佩戴饰品，这是构成整体和谐的点睛之笔，能达到相互烘托、相映生辉的效果。但若佩戴不当，则会画蛇添足，破坏整体的和谐。

饰品指能够起到装饰作用的物件，是服饰的一个辅助物品，它又区别于服饰而相对独立存在，是实用性与艺术性的结合体。饰品主要分为两大类，一类是服装配物，如帽子、领带、眼镜、包、腰带、鞋子等，另一类是首饰佩件，如耳环、项链、戒指、手镯等。饰品的佩戴应讲究整体的效果，和服饰相协调，起到点缀、美化服饰的作用。适当的佩戴能让人更加光彩照人，也是仪表美的重要组成部分。

随着社会经济的发展和文化的演变，饰品除了装饰的作用外，还有传递信息的作用。饰品的品种、档次、质地及佩戴是否得当在某些情况下反映出个人的身份、地位、职业特征、审美情趣等。

旅游服务人员在选择和佩戴饰品时，要注意符合服务工作的性质。饰品应大方得体，不要过分炫耀、夸张华贵和刻意堆砌，应少而简洁。

一、符合身份

旅游服务人员的工作性质是为旅游者提供服务，一切要以接待对象为中心。佩戴的饰品应给宾客留下美丽又不失涵养的印象，满足其审美心理，而不是为了在宾客面前炫耀，既显得行为肤浅，也是对宾客的不尊重。服务人员应摆正自己的位置，在工作岗位上佩戴饰品一定要符合自己的身份。一般不选择张扬个性、另类夸张或高贵华丽的珠宝类饰品。

二、恰到好处

旅游服务人员在工作场合一般要求穿正装，正装端庄、庄重，职业感强，选择合适的饰品既符合所处的环境又可点缀服饰、增添美感。饰品的选择要注意是否能显优藏拙。必须配合自己的体型、脸型与服饰。如脸短脖粗型的人，要戴长一些的项链；长脸型的人，要戴短一些的项链。

三、以少为佳

旅游服务人员在佩戴饰品的数量、品种上要少而精。在选择、佩戴饰品时，一般不宜超过两种。一种饰品，不应超过两件。饰品多则杂，不但不能增添美感，反而画蛇添足。还可佩戴个别精致的小饰品。

四、同质同色

饰品种类繁多，佩戴方法多样，佩戴上讲究搭配的和谐。佩戴两种或两种以上饰品要注意同色同质。同色即同一种色系，如项链是金制的，戒指也应是金制的。同质即同一种质地。如项链是银制的，戒指就不宜是金制的。

旅游服务人员穿着制服时，不宜佩戴带有明显装饰性的戒指、项链、手镯、手链、脚链等。餐饮服务人员不得佩戴戒指、项链、手镯等饰品。

【案例1】

旗袍风波

一位颇有身份的西欧女士到华访问，下榻北京一家豪华大酒店。酒店以贵宾的规格隆重接待：总经理在酒店门口亲自迎接，从大堂入口处到电梯走廊，都有漂亮的服务员夹道欢迎、问候，贵宾入住的豪华套房里摆放着鲜花、水果……西欧女士十分满意。陪同的总经理见女士兴致很高，为了表达酒店对她的心意，主动提出送一件中国旗袍，她欣然同意，并随即让酒店裁缝给她量了尺寸。总经理很高兴能送给尊敬的女士这样一件有意义的礼品。

几天后，总经理将赶制好的鲜艳、漂亮的丝绸旗袍送来时，不料这位洋女士却面露愠色，勉强收下，后来离店时却把这件珍贵的旗袍当做垃圾扔在酒店客房的角落里。总经理大惑不解，经多方打听好不容易才了解到，原来这位洋女士在酒店餐厅里看到女服务员都穿旗袍，误以为那是女侍者特定的服装款式，主人赠送旗袍，是对自己的不尊敬，故生怒气，将旗袍丢弃一边，总经理听说后啼笑皆非，为自己当初想出这么一个“高明”的点子而懊恼不已。

分析：引起误会的原因是什么？

【案例2】

着装与事业

有位女职员是财税专家，有很好的学历背景，常能提出很好的建议，在公司里一直非常杰出。但当她到客户的公司提供服务时，对方主管却不太注意她的建议，她发挥才能的机会也就不大了。

一位时装大师发现这位财税专家着装方面的明显不足：她26岁，身高147厘米，体重43公斤，看起来机敏可爱，像个16岁的小女孩，外表实在缺乏说服力。他建议她用服装强调出学者专家的气质，用深色的套装，对比色的上衣、丝巾、镶边帽子来搭配，甚至戴上黑边的眼镜。女财税专家照办了，结果，客户的态度有较大的转变，很快，她成为公司的董事之一。

分析：女财税专家着装的改变对你有什么启示？为什么说着装与事业联系紧密？

◎思考题

1. 简述仪表美的含义。
2. 简述男式着西装的禁忌。
3. 简述服饰着装原则。
4. 简述饰物佩戴的原则。

◎实训题

练习领带的各种系法。

第四章　旅游服务人员的仪容礼仪

仪容即人的容貌，包括发型、面貌和人体所有未被服饰遮掩的部分（如颈部、手部等）。仪容是个人仪表的重要组成部分，仪容美也是仪表美的核心内容，是旅游服务礼仪的基本规范。人都有求美的心理需求，希望看到一切美的事物。英俊的男士、秀美的女士给人美好的第一印象，让人产生好感，愿意与之亲近。“爱美之心，人皆有之”，每个人都希望自己有美的仪容。仪容美重在修饰，它展现出一个人的精神面貌和对生活乐观、积极的态度。

在旅游接待服务中，服务人员的仪容是宾客感观上接触的第一部位。清新、端庄的仪容，会给人以亲和力，并产生愉悦感和信任感，使宾客愿意接受服务，进而激发宾客的消费欲望。反之，如果服务人员的仪容不具美感，其服务被认可的难度也会增大。

天生丽质的人总是少数，而绝大多数人只是相貌平平，即便是天生丽质的人，随着时光的流逝，也会感叹容颜的衰老。美是可以追求的，也是可以创造的。旅游服务人员重视仪容修饰的意义在于，既能表示出对宾客的尊重，又能体现出自尊自爱。因此，旅游服务人员要想塑造良好的形象，满足宾客审美需求，应学会如何修饰出大方端庄、朝气蓬勃、成熟稳重的仪容美。

第一节　仪容的礼仪重心——头部

头发是仪容首要修饰的部位，俗话说“完美形象，从头开始”。头发的修饰可以反映出一个人的身份、职业特征、知识层次、审美修养、生活习惯，旅游服务人员的发型修饰应符合旅游行业的职业特点以及旅游企业的具体规定，反映旅游从业人员的精神面貌、生活和工作态度。

对头部修饰最重要的要求是要做到头发整洁。主要注意以下几点：

一、头发的正确护理

首先，要确保头发整洁干净，避免沾满灰尘，避免满头油光和头屑。洗发的作用是：有助于保养头皮、消除异味、清除头屑，保证头发的健康亮泽。一般来说，油性发质 2 ~ 3 天洗一次，干性发质 4 ~ 5 天洗一次。周期的长短可根据环境季节而变化。

洗发宜用温水，水温大致在36℃～38℃，水温过高，易使头发受损；水温过低，油腻不易祛除；还应根据自己的发质、长短选择适合自己的洗发水。

洗发时，不要大力抓揉头发，也不要用指甲抓头皮，这样容易破坏头发的表皮，应用手指的指腹按摩头皮。洗发后要将残留的洗发水冲洗干净，否则会损伤头发、产生分叉、头皮屑等问题。

洗完头发后，最好自然晾干。若使用吹风机进行头发造型，则尽量用小风烘干，吹风机距离头发20厘米左右，小幅晃动。

其次，正确梳发及按摩。梳理头发可以使头发整洁，塑造美观的发型。适度按摩头皮能刺激毛细血管与毛囊，有助于头皮的分泌调节。要注意的是，应避免在宾客面前梳理头发、乱扔掉发；不可当众挠头，导致头皮屑到处飞舞。

再则，慎用烫发水和染发剂。烫发水和染发剂由化学药品制成，极易伤害头皮和发质。经常烫染发的人，应勤做头发护理，以免发质干枯、分叉。

二、发型的规范

发型是指头发经过一定修饰之后所呈现出来的整体造型。旅游服务人员在选择发型的时候务必要考虑自己的职业特征，应给人一种自然清新、端庄大方、朴素利落的感觉，不能选择个性化、另类时尚、前卫的发型。

1. 女性服务人员发型要求

大部分女性喜欢留一头飘逸的长发，认为是女性魅力的象征。但对于从事服务性工作的人员不可过于彰显性别特征和个人魅力，否则容易让客人产生错觉。饭店服务人员要求长发必须束起或盘起来，然后用发网拢起来，防止工作时头发蓬松、掉落，给人不整洁之感。女士前额的刘海不能盖住眉毛或遮住脸，以免挡住视线。头发不可染艳丽的颜色，一般为棕色、黑色。烫发应选择自然简单的造型，还应避免使用色彩鲜艳的发饰。

2. 男性服务人员发型要求

男性旅游服务人员职业发型为短发，应选择简单、易打理的发型，且做到勤洗勤剪。要求前不及额，侧不掩耳，后不触领，不留长发和大鬓角，不烫发、不染发。

第二节 妆容礼仪

俗话说："三分长相、七分打扮。"随着人们生活水平的提高，化妆被人们所重视。尤其是"窗口行业"的女性服务人员，更应要求化妆上岗、淡妆上岗，这也是旅游服务人员上岗前工作准备的一项基本要求。化妆上岗、淡妆上岗是对宾客的一种尊重，是为了更好地提供服务，展现服务人员的自尊自爱和旅游企业的良好形象。

化妆是一门技术，更是一门艺术，女性服务人员适度得体的妆容可以增添信心，在工作中保持良好的精神风貌。

一、修饰与清洁

面部是一个人容貌中最为引人注目的部位。面部的修饰主要针对女性，方法是注重保养，保持皮肤的健康、细润。适当化妆，淡雅而自然。男性只需进行简单的洁肤、护肤，面部无污渍、汗渍、油光，定时刮胡须、剪鼻毛等即可。

手部的护理。手部是人们社会交往中的第二张“名片”。在接待服务中，为了避免影响宾客的情绪和食欲，应保持手部的健康美丽，注意日常清洁和护理。保持无干裂、无泥垢、无污痕，勤洗手、勤剪指甲。服务人员的指甲不宜长过指尖，长指甲既不雅观又不卫生，特别是从事餐饮服务的工作人员要高度重视。洗碗、做清洁以及需要接触粗糙物品时，应带上清洁手套保护皮肤。洗手后可涂抹护手霜或定期做手部按摩和保养，让手部保持细腻和润滑。

口腔清洁。服务人员为宾客提供服务时，与宾客沟通最主要、使用最频繁的方式是口头语言。保持口腔清洁、口气清新是让宾客愿意与其交流的首要条件。口腔清洁的要求为：牙齿洁白，无残渣；口腔无异味，口气清新。三餐饭后，服务人员应刷牙漱口，清除牙齿上的异物、保持洁白美观。口腔不可有异味，上班前忌吃生葱、生蒜、韭菜等带刺激性气味的食物。如果已经食用，应及时漱口，浓茶和柠檬水对去异味都有一定的作用。

（一）护肤

做好皮肤护理工作是美容化妆的先行条件，也是延缓衰老的“良药”。“皮肤是健康的晴雨表”，皮肤的状况可以反映出人的健康状态、年龄和精神状况。健康的皮肤，应该是红润、细腻光滑、富有弹性、无痘痕疤印。

彻底清洁皮肤。清洁皮肤是美化肌肤的第一步，清洁皮肤一定要彻底，这是为了预防脸上长痤疮、粉刺、黑头，去除新陈代谢所产生的老化角质、空气污染物和化妆品残留物等，也是保证护肤品被充分吸收的先决条件。

每个人必须了解自己的皮肤类型，有针对性地采取适合自己肤质的保养手段。划分皮肤类型的依据主要是肌肤的皮脂分泌状态和水分保持状态这两点。一般可分为油性、中性、干性、混合性、过敏性几种类型。注意根据自己的肤质选用适合自己的护肤品、化妆品。

皮肤的保养应讲究科学，主要的方法有：养成良好的日常生活习惯，起居有规律，保持充足睡眠、适度运动、控制烟酒、清淡饮食等。食疗，合理搭配食用瓜果蔬菜、红枣等有助于补充维生素、水分、血和胶原蛋白食物；正确使用护肤品，根据不同时期不同皮肤问题进行针对性的保养。保护措施，紫外线是皮肤的“杀手”，女性在一年四季都可涂抹防晒或隔离霜来抵御紫外线对皮肤的伤害。在阳光强烈时，还应打伞防护，以免晒至脱皮。这些方法都对能拥有健康、靓丽的皮肤起到良好的作用。

（二）化妆的基本程序

洁肤。选择适合自己肤质的洗面奶，涂抹在脸上，然后轻轻由内向外打小圆圈按摩脸部，再用清水冲洗干净。在使用“BB”霜、粉底或隔离霜后应先使用卸妆用品，以保证彻底清洁残留化妆品。

护肤霜。先拍适量的化妆水在脸上，待皮肤吸收后，根据皮肤的干燥度和油腻度选择霜状或乳状的护肤品均匀涂抹脸部。

粉底液、BB 霜。粉底和 BB 霜可用来改善面部皮肤色泽，起到提亮肤色，修饰面部缺点的作用。不同的肤色应选择不同色系的粉底液或 BB 霜，以接近自己的肤色为佳。应涂抹得均匀、自然，不能显出明暗层次。

打粉。材料为粉饼或散粉，两者都有遮瑕和定妆的作用。打粉指使用粉刷或海绵扑，取适量在脸上涂抹细致、薄厚均匀。这一程序可以吸去脸上的油光，加强修饰面部黑斑、瑕疵等，使面部皮肤看起来细腻光滑。不要忘记在脖颈部位打上粉，以免面部与颈部“泾渭分明”。

描眉。先用修眉工具将眉毛修整出基本眉形，且不宜对自己原本的眉形改变过多。然后用眉笔或眉粉加以完善，描出适合自己的眉形。一般比较理想的眉毛结构是眉头在内眼角上方偏里一点；眉峰在鼻翼与眼珠正中的延长线上，也就是约及眉毛 2/3 处；眉尾在鼻翼与外眼角的延长线上。画眉时，可先向上往外将眉毛刷整齐。描眉时，要顺着眉毛的自然形状一根根轻轻描画，切不可一笔到底。眉形基本出来后，再根据五官轮廓调整，如眉毛的中部、下沿颜色可重一些，眉头、眉的上边沿颜色可稀一些。画完后，用眉刷轻轻将眉形刷顺。

眼影。眼影是通过色彩突出眼部轮廓，强化面部的立体感，使眼睛富有神采。眼影的颜色要适合自己肤色。旅游服务人员上岗要求化淡妆，不宜选择鲜艳的色彩，一般可选择的眼影颜色有浅咖啡色、淡蓝色。用眼影刷从眼尾与眉的 1/3 处开始上色，慢慢向内眼角涂，颜色由深变浅，根据眼睛的轮廓画出立体感。

眼线。化妆时可根据需要决定是否画眼线。画眼线是勾勒眼睛的轮廓，使眼睛变大，生动有神。使用眼线笔或眼线液沿着上下眼睫毛的根部，从外眼角开始向内眼角画，注意先粗后细。上眼线可稍稍长出眼角。

睫毛膏。涂之前先用睫毛夹夹睫毛伸到睫毛根部，夹紧 10 秒后伸至 2/3 段处再夹，使睫毛卷曲上翘后，涂抹睫毛膏。

腮红。可使面部轮廓饱满，增加肌肤的红润感，呈现健康肤色，还可以起到修饰脸部线条的作用。腮红的颜色可与唇膏、服饰搭配，选择同一色系会使整体形象看起来和谐。淡妆可以选择普遍适用的粉色系、桃红色系。用腮红刷抹上腮红，在手背上调节深浅。以瞳孔和鼻翼的连线与两个鼻翼水平连线交叉的部分为中心画腮红。根据脸型不同，腮红画法如下：

圆脸：将腮红以三角形的扫法画到太阳穴，让脸减轻圆润感。

长脸：腮红应呈水平线扫，还要注意加强颧骨的轮廓。

方脸：将腮红由鼻翼扫到太阳穴，再用更深的腮红涂在发际线处，减轻脸的横扩感。

倒三角脸：水平扫腮红，但注意不要太靠近鼻子。

鹅蛋形脸：这是最完美的脸形，可以随个人的喜好使用各种方法涂腮红，只是千万不要只涂在颧骨上。

唇膏。简易淡妆，可不用画唇线。选择适合自己原本唇色又能与腮红相搭配的唇膏色彩。色彩上要自然、明亮。具体方法是先涂润唇膏，改善唇部干裂，然后用唇刷将唇膏涂满嘴唇。如觉得过量，可用纸巾吸去多余的唇膏。

女性服务人员在工作繁忙时化淡妆，其程序上可以简化。洁面后直接涂上润肤霜，用海绵扑均匀打上一层粉底修饰肤色，然后描眉，最后涂上唇膏或唇彩即可。

二、化妆的禁忌

（一）避讳浓妆艳抹

通常化妆有晨妆、晚妆、上班妆、社交妆、舞会妆、少女妆等多种形式，它们在色彩浓淡的程度和化妆品的选择使用方面，都存在一定的差异。旅游从业人员在工作岗位上应以淡妆为主，自然、素雅的妆容，既能给宾客留下深刻印象，清新而又传神。如果一位女性服务人员在工作岗位上妆化得过于浓艳，往往会使人觉得她招摇和庸俗，缺乏基本的职业素养，甚至会引起宾客对其身份和职业的误解。

（二）避免当众化妆或补妆

“当窗理云鬓，对镜贴花黄。”常常可以见到一些女士，不管置身于何处，只要稍有闲暇，便会掏出化妆盒来施脂抹粉、画眉涂唇。这样既有失文雅，也不庄重。服务人员应在上岗前化好妆，在宾客面前化妆或补妆，既有卖弄姿色之嫌，也会被认为不认真工作、自由散漫，对宾客不尊重。需要补妆时，宜选择洗手间或隐蔽的场所。

（三）不宜残妆示人

残妆，指由于出汗后、休息后或用餐后妆容出现了残缺。以残妆示人，有损服务人员的个人形象与企业形象，也显得对宾客不礼貌。服务人员要避免在此问题上犯忌。为了避免妆容残缺，化妆后要经常进行检查，及时地自察妆容。如发现妆面残缺，要即刻补妆，不要拖延，若长时间地以残妆示人，会让别人觉得自己懒散，给宾客留下不良印象。

（四）不议论他人的妆容

宾客们来自不同的地域，不同的民族、肤色、文化传统的人，妆容也会有所差异。旅游从业人员应懂得尊重宾客的文化传统和审美情趣，不要对宾客的妆容品头论足，这既是对宾客的不尊重，也有损企业形象。

【案例】

服务仪容很重要

某报社记者张先生为做一次重要采访，下榻于北京某饭店。经过连续几天的辛苦采访，终于完成任务。张先生与两位同事打算庆祝一下，当他们来到餐厅，接待他们的是一位五官清秀的服务员，接待工作也做得很好，可是她面无血色显得无精打采。张先生一看到她就觉得没了刚才的好心情，仔细留意才发现，原来这位服务员没有化工作淡妆，在餐厅昏黄的灯光下显得病态十足，这又怎能让客人看了有好心情就餐呢？当开始上菜时，张先生又突然看到传菜员涂的指甲油缺了一块，当下张先生第一个反应就是："不知是不是掉入我的菜里了？"但为了不惊扰其他客人用餐，张先生没有把他的怀疑说出来。但这顿饭吃得张先生心里不舒服。最后，他们唤服务员结账，而服务员却一直对着反光玻璃墙面修饰自己的妆容，丝毫没有注意到客人的需要，到本次用餐结束，张先生对该饭店的服务十分不满。

分析：是什么原因影响了服务质量？

◎**思考题**

1. 什么是仪容美？为什么要注重仪容美？
2. 仪容美的基本要求是什么？
3. 简述化妆的基本程序？
4. 化妆的禁忌是什么？

◎**实训题**

教师组织学生自己动手练习各种化妆技巧。

第五章　旅游服务人员的仪态及举止礼仪

第一节　旅游服务人员仪态礼仪

中华民族的礼仪要求人们“站有站相，坐有坐相”。著名哲学家培根曾说过，相貌的美高于色泽的美，而秀雅合适的动作的美，又高于相貌的美，这是美的精华。这说明了仪态美在人际交往中的重要意义。

仪态美是仪表美的重要组成部分。现代礼仪讲究仪态美，仪态美既依赖于人的内在气质，同时又取决于个人是否接受过规范和严格的体态训练。旅游业是一个国家对外宣扬民族文化的“窗口”，因此对旅游从业人员的礼仪要求更加严格，“站、坐、行”等姿态、各类行为举止都有着严格的礼仪规范。

一、仪态的概念及特征

仪态是指人在行为中的姿态、表情和风度。风度属于内在气质的外在表现，姿态是指身体所呈现的样子。简单地说，仪态是人们在日常生活中表现出来的各种姿态，包括举止、姿势、动作、体态等。它用简洁、生动、形象的肢体语言传达着一个人的道德意识、文化涵养、礼仪修养等信息。仪态美应该是一种综合的美、完善的美，这种美是身体各个部分相互协调的整体表现，同时包括了一个人内在的素质和仪表特点的和谐。如何规范个人的行为礼仪，培养优雅体态的语言，首先应了解仪态的几点特性：

仪态具有表达性。据研究者估计，世界上至少有 70 万种可以用来表达思想意义的姿势动作，这个数字远远超过当今世界上最完整的一部词典所收集的词汇的数量。从表面上看，信息的传递与反馈主要通过人的眼、耳、嘴、鼻的运用，但事实上姿态、表情、手势、动作等的作用却远远超过了自然语言交流本身，甚至可以收到“此时无声胜有声”的效果。

仪态具有习惯性。一个人由于受地域、文化、生活环境以及成长和交往过程的影响，也会形成特有的习惯性仪态。比如“点头”在中国是表示肯定的，但在有些国家却是表示否定的。由此看来，习惯的动作也好，姿势表情也好，都不是先天的，而是通过长期的生活环境和后天的训练等因素形成的，习惯一旦形成，就很难改变。因此，旅游服务人员应学会正确使用规范姿态和礼仪举止，养成良好的礼仪习惯，用规范的仪态来展示职业风采。

仪态具有真实性。体态语言与有声语言相比的最大特点是真实性。弗洛伊德认为，要了解说话人的深刻心理，即无意识领域，单凭语言是不可靠的，因为人类语言所传达的意识大多属于理性层面，经过理性加工后表达出来的语言往往不能率直地表露出一个人的真正意向，有时说的是真实的，有时却是虚假的，而人的动作比理性更能表现出人的情感和欲望。你的嘴里虽然没说什么，但你的仪态却在“多嘴多舌”，向人们传达着你心里的真实意愿。

对旅游服务人员来说，要想具备良好的仪态，必须依赖于内在气质的提高、道德品质的修养、专业素质的加强以及严格的训练，用美丽的“无声的语言”向宾客展示旅游服务人员的综合素质。

二、仪态美的基本要求

在旅游服务活动中，仪态美的要求可归纳为：站有站功，挺直如松；走有走姿，从容稳直；坐有坐相，文雅端庄；举止端庄，落落大方。具体来说，各种仪态姿势有着各自的规范。

（一）站姿

站姿又称立姿，优美典雅的站姿是发展人的不同质感和动态美的起点，是旅游服务人员首先应掌握的仪态动作，是训练其他优美体态的基础。站姿是旅游服务人员表现最多的体态，应展示自信、诚实、脚踏实地的一面。男性应有挺拔、伟岸之风度，女性应有优雅、亭亭玉立之美。因此，正确的站姿和过硬的站功是旅游服务人员必备的专业素质之一。规范的站姿应给人挺直、均衡、灵活、拔高的感觉。

1. 基本站姿要领

一平：头平正、双肩平、两眼平视。

二直：腰直、腿直、后脑勺、背、臀、脚后跟呈一条直线。

三高：重心上拔。

头正：两眼平视前方，嘴微闭，收颌直颈，表情自然，面带微笑。

肩平：两肩平正，微微放松，稍向后下沉。

臂垂：两肩平整，两臂自然下垂，中指对准裤缝自然弯曲。

躯挺：挺胸，腹部往里收，脊椎、后背挺直，臀部向内向上收紧。

腿并：两腿立直，贴紧，脚跟靠拢，两脚夹角呈 45°～60°。

2. 服务行业常见站姿

男士的站姿应突显男性的阳刚的气质，展现自信、威严之美。主要分两种：

（1）标准式。要求男士两腿并紧，脚跟靠拢，并拢或脚尖分开呈45°～60°，呈“V”字形。手臂自然下垂，置于身体两侧，中指对准裤缝处，自然弯曲。

（2）叉手式。两脚并拢，呈“V”字形。或两脚分开与肩同宽，呈“Ⅱ”形。两手在背后或腹前交叉，右手轻轻握住左手腕，左手指自然弯曲，手心向外。

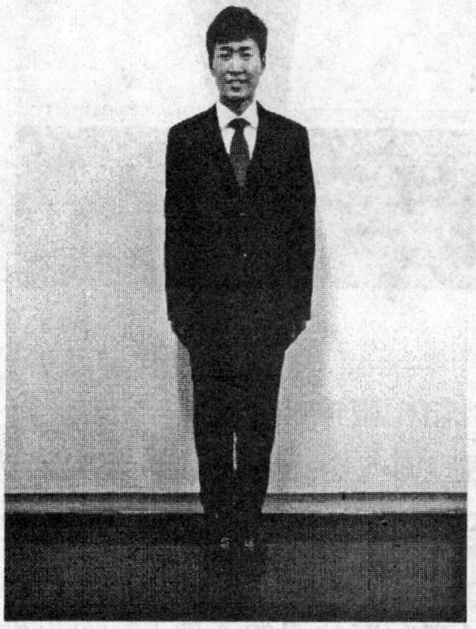
标准式

叉手式

女士的站姿应展现女士优雅、端庄的气质，展现身体线条的优美。一般分两种步态：

（1）丁字步（“Y”字步）。丁字步是女性服务人员运用得最多的一种步态，也是最能表现女性优美曲线的站姿。基本要求：将右腿（左腿）在前，将右脚跟（或左脚跟）靠于左脚（或右脚）内侧（脚弓处），呈“丁”字形。四指并拢，手心向内，右手搭在左手虎口处相握，轻贴于腹前。该站姿既能掩盖腿部线条的缺陷，又显得身体优美、挺拔，也是现代女性在人际交往中广泛运用的一种步态。

（2）“V”字步。该站姿为服务行业女性的标准站姿。要求：两膝并拢，脚跟靠紧，脚掌分开呈“V”字形。双手在腹前交叉，即右手搭在左手上，置于腹部丹田处，双手交叉相握。应注意的是，从正面的视觉效果来看，看不见双手的大拇指。

值得注意的是，在服务于人时，一定要正面面对宾客，切不能侧身或背对对方。无论是男性还是女性服务人员，在向客人表示歉意、感谢时，双脚脚跟

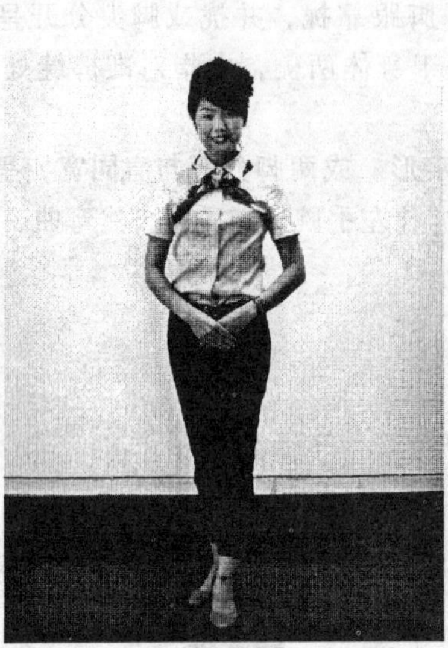

丁字步

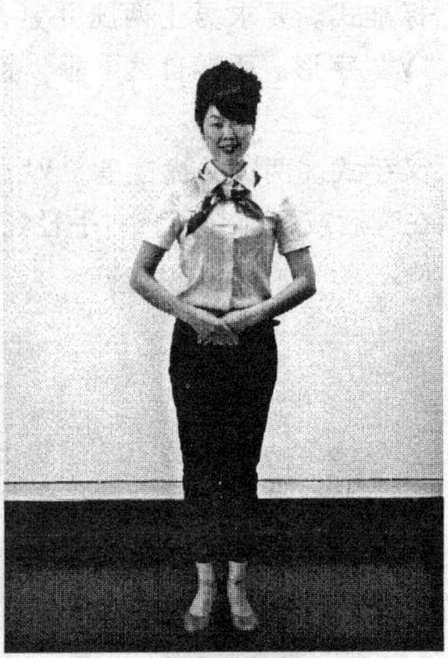

“V”字步

应并拢站立，以示尊重和诚意。女性穿着礼服或旗袍时，不宜双脚并拢或“V”字形站立，应将一只脚后移，置两脚间5公分左右，以一只脚为重心，“丁”字形站立，这样更有利于勾勒身体的线条美和展示服饰美。

3. 站姿的调整

根据所在服务岗位的不同，服务人员在标准站姿的基础上，可以做灵活的调整。有几种站姿可供选择。

(1) 接待服务的站姿。特点是站立之时，身前没有障碍物挡身，全身都在宾客的视线中。为客人服务时，头部与上身可以微微侧向服务对象，保持微笑，手臂可以持物，也可以自然下垂。

(2) 柜台待客的站姿。特点是身前有障碍物挡身，因此双脚可适当叉开，保持上身正直，面带微笑，重心可以在双腿间轮换做稍息。身体与柜台保持一步的距离，不能将双手扶在身前的柜台上或依靠柜台站立。

(3) 恭候顾客的站姿。要点是宾客到来前，服务人员如何在保持仪态美的同时减缓久站的疲劳。候客的站姿技巧：脊椎、背伸直的同时，肩、臂可以稍作放松，身体不必始终保持高度紧张的状态。双脚可以适度叉开，身体重心轮换站立，但双膝要伸直，不能有弯曲现象。双手可采用体后背手的站姿。当宾客来到面前时，仍然应该采取标准站姿，面带微笑，并向客人行欠身礼或鞠躬礼。

需注意的是：更换脚位和手位时不能过于频繁，以免给人浮躁不安和极不耐烦的感觉。在较为正规的场合或接待重要客人时，不论在何种位置，都应该采用标准站姿。

4. 站姿禁忌

(1) 全身不够端正。站立时头歪、肩斜、臂曲、胸凹、肚凸、背弓、膝曲等均为不良姿态。

(2) 不雅举止：两手叉腰、环抱胸前；手插入衣袋；搓脸、抠鼻、拨弄头发，摆弄物件等；双腿叉开过大，女士尤其应当谨记。

(3) 手位、脚位随意。脚位欠妥、手位失当；例如脚尖乱点乱划，双脚踢来踢去，蹦蹦跳跳，用脚蹭痒痒，脱下鞋子或半脱不脱，脚后跟踩在鞋帮上，手位过高或过低等。

(4) 表现自由散漫。站立时随意扶靠；晃动身体；扭怩作态。

这些不雅姿态或给人拘谨、卑微、缺乏自信之感，或给人自傲、无礼、无精打采、萎靡不振，缺乏健康、不尊重客人之意，不仅有失仪态的庄重，也是缺乏职业修养的表现。

5. 优美站姿的培养

站姿中，如果将重心分置两足，呈“Ⅱ”形时，则呈男性化的表现；若将身体重心移置一足，便显女性柔美姿态。下面介绍两种站姿的训练方法：

(1) 靠墙练习法：腿、背伸直，两脚并拢，身体呈水平直线靠墙站立。后脑、双肩、臀部及脚跟与墙壁贴紧站立，保持微笑。此种方法应循序渐进，逐渐增加训练的时间。每天坚持30分钟，有助于纠正低头、含胸、弓背等不良习惯，训练挺拔、正直的姿态。

(2) 书本练习法：将书放在头顶，或将书夹在膝盖之间站立，保持微笑。此方法训练头位的正直和身体的平衡度，是标准站姿较为常见的一种方法。

(二) 走姿

走姿是一种动态美，是以人的站姿为基础的延续动作。行走是服务人员的主要动作，富有魅力的走姿犹如一段美妙的旋律，给人轻快自然之美。优雅、稳健、精神饱满的走姿，会给人以美的享受。方向明确、精神饱满、步幅适度、身体协调是走姿的基本要求。

男士的走姿效果：步态稳健，体现稳重、坚定、自信的阳刚之美。

女士的走姿效果：步态自如、协调、轻盈，体现端庄、自信、优雅的阴柔之美。

1. 走姿的礼仪

(1) 靠右行走，以前为尊、以右为尊。

无论在公共场所还是工作场所，都应遵守靠右行走的基本规范。与尊贵客人或女士、上级一起行进时，应走在其左边，或左后方，以示尊敬。

（2）三人并排行走时，由尊而卑顺序为居中、居右、居左。

（3）遇来人时，应主动让道，自然注视对方，主动礼貌致意。

2. 基本走姿规范

头正。双目平视，收颌，表情自然平和。

肩平。两肩平稳，防止上下前后摇摆。双臂前后自然摆动，前后摆幅在30°~40°，两手自然弯曲，在摆动中离开双腿不超过一拳的距离。

躯挺。上身挺直，收腹立腰，重心稍向前倾。

步位直。两脚尖略开，脚跟先着地，走出的轨迹要在一条直线上，避免出现内“八”或外“八”字迈步。

步幅适当。跨步要均匀，行走中两脚落地大约一只脚的距离，即前脚的脚跟与后脚的脚尖相距一只脚的长度为宜，不过不同的性别、不同的身高、不同的着装，都会有些差异。

步态平稳。步伐稳健、自然，行走的速度应当保持均匀、平稳，不宜过快或过慢，或者忽快忽慢。一般为每分钟80~100步。

手部摆动自然、协调。两臂放松，以肩关节为轴，前后自然摆动，并与步态节奏协调配合。

3. 不同着装的走姿

所穿服饰不同，步态应有所区别。走姿要展现服装的特点。

着西装。行走时以直线为主，应当走出穿着者挺拔、优雅的风度。后背保持平正，两脚立直，走路的步幅可略大些。注意男士不要晃动，女士不要左右摆髋。

着旗袍。行走时要求女士身体挺拔，胸微含，下颌微收，不要塌腰撅臀。走路时，步幅不宜过大，以免旗袍开衩过大，露出皮肤。两脚跟前后要在一条线上，脚尖略微外开，两手臂在体侧自然摆动，幅度也不宜过大。站立时，双手可交叉于腹前。

着裙装。穿着长裙显出女性身材的修长和飘逸美。行走时要平稳，步幅可稍大些。穿着短裙，要表现轻盈、敏捷、活泼、洒脱的气质，步幅不宜过大，但脚步频率可以稍快些，展现轻快灵巧的风格。

穿高跟鞋。由于穿上高跟鞋脚跟提高了，身体重心就自然地前移，为了保持身体平衡，膝关节要绷直，胸部自然挺起，并且收腹、提臀、直腰，使走姿更显挺拔，增添女性魅力。穿高跟鞋走路步幅要小，脚跟先着地，两脚落地脚跟要落在一条直线上，像一枝柳条上的柳叶一样，即所谓的“柳叶步”。

4. 旅游服务人员常见的步态

旅游企业的服务活动，强调外松内紧。即便在工作繁忙、业务紧张的情况下，在游客或宾客面前始终保持轻松的状态。这就是需要员工掌握优雅仪态的要领与技巧。

常步。这是在正常情况下所使用的步态，其姿势、步速、步幅都保持基本行走的规范。

碎步。在旅游服务行业，尤其是酒店业中，营业高峰期需员工快速地走动，向客人提供及时、高效的服务。这时，员工可使用碎步，即缩小步幅，加快步伐频率，同时身体保持挺立、平稳。避免迈大步、加快步速甚至小跑，这样易造成紧张、无序的气氛。

垫步。垫步是员工在狭长的过道上行走时，正身行走比较困难，或有碍宾客的活动时，经常采用的一种方法。要求身体侧身90°，身体一侧面向前方，脚尖落地脚跟不落地，且一只脚前，另一只脚后相继挪步前行。酒店服务员左手端托盘时，需用右手稍作掩护而避免翻盘。

5. 变向走姿

变向走姿是指在行走中，需转身改变方向时，采用合理的方法，体现出规范和优美的步态。

后退步。与人告别时，应当先后退三步，再转身离去，退步时脚轻擦地面，步幅要小，先转身后转头。

引导步。引导步是用于给宾客引领方向的步态。引领时应走在宾客左侧前方，整个身体半转向宾客方向，保持两三步的距离，遇到上下楼梯、拐弯、进门时，应配合手势指引。同时应做到：明确方位，行进中依客人的步伐调整自己的步速，及时给予客人关照、提醒。

前行转身步。在前行中要拐弯时，要在距所转方向远侧的一脚落地后，立即以该脚掌为轴，转过全身，然后迈出另一脚。即向左拐，要右腿在前时转身，向右拐，要左脚在前时转身。

6. 走姿禁忌

行走时要防止“八”字步，步态不稳；身体僵硬，手脚步伐不协调；精神不佳，左顾右盼，有气无力；背手、插兜、叉腰、勾肩搭背等不雅行为。

（三）坐姿

坐姿是一种静态造型，是在日常工作和生活中经常运用的仪态。对男士而言，更有“坐如钟”一说。端庄优美的坐姿，会给人以稳重、大方、自信的美感。

1. 坐姿的礼仪

合“礼”入座。在客人入座后，找到自己适当的位置就座。入座还应注重女士优先，长辈、上级优先的顺序。应从座位的左侧就座，并向周围的人点头微笑致意。入座要轻、缓，移动座椅动作要轻，勿制造声响，确定身体与椅凳距离后从容就座。一般女士坐在椅子的2/3处为宜，男士坐在椅子的1/2处为宜。

举止合“礼”。落座后不宜有不雅举动。见来人时，应起身相迎并礼貌致意。用请的手势指引客人入座（男服务人员还应为女宾客拉椅协助其就座，以示男人的风度和对女性的尊重）。待客人入座后，再就座。

礼貌离座。离座时应遵循礼貌规范：先示意需要离开—注意次序—缓慢起身—站稳再走—从座位的右边离开。如坐于身前有桌子的位置，还应在起身后，将椅子轻轻移到桌子下，摆正。

2. 基本坐姿规范

（1）入座。入座时要轻稳，动作宜协调从容，不要赶步，以免“抢座”。走到椅子的前面，自然转身，右脚向后移，使腿肚子接触到椅子边，确定离座椅的正确距离后，轻而稳地入座。女士着裙装入座时，应用双手拢平裙摆再坐下。

（2）坐姿。落座后，上体自然挺直，双膝自然并拢，双腿正放或侧放。双肩平正放松，两臂自然弯曲，双手放在膝上，也可放在椅子、沙发的扶手上，手心向下。同时应做到面带微笑，双目平视，嘴唇微闭，下颌微收。谈话时，身体可以有所侧重，但要注意上体与腿的整体协调。

（3）离座。离座时要自然稳当，右脚向后收半步，然后起身向前迈步，动作应轻而稳。

3. 服务人员的职业坐姿

（1）伏案时的坐姿。服务人员在伏案工作时，仍应保持文雅端庄的坐姿：上身端正，头正，背直。胸口与桌面保持一定距离，不能倾斜、趴在桌上或斜靠在椅子上。

（2）男士坐姿。

分膝式。上身挺直，头部端正，立腰，双膝、双脚分开基本与肩同宽，脚尖向前。小腿垂直地面呈90°，双手自然放在两膝或椅子的扶手上，此种坐姿体现了对宾客的尊重与恭敬之意。

交叠式。上身挺直，头部端正，立腰，右腿搭在左腿上，左小腿垂直地面90°。双肩平直，手肘放在椅子扶手上，两手相握或自然放在腿上。此种坐姿常用在与客人交谈或倾听的场合，是真心沟通、诚意解决问题的肢体语言。

（3）女士坐姿。

垂直式。上身挺直，立腰，两膝、两脚并拢，脚尖朝正前方，双手交叉相握于腹前。

侧坐式。上身保持正、直，立腰，两膝并拢，双腿斜放，以与地面构成45°夹角为最佳，侧坐时，双手叠放或以相握的姿势放于身体侧面的那条大腿上。

交叠式。上身挺直，立腰，左小腿垂直地面90°，或侧放。右腿搭在左腿上，右脚脚尖稍用力朝下，此时右脚脚尖朝向他人是不雅观的。

另外，比较常用的还有标准式。

分膝式

交叠式

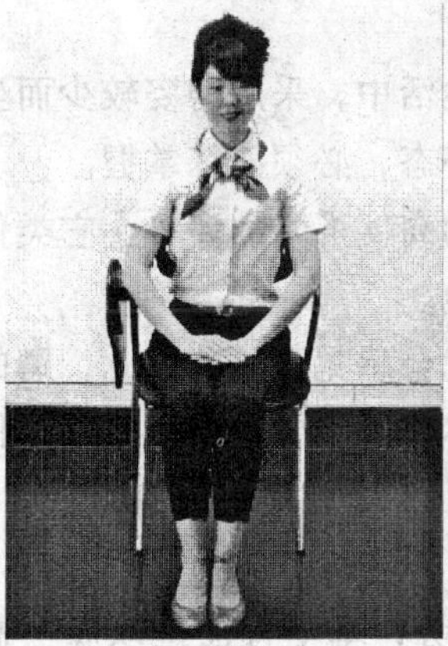

垂直式

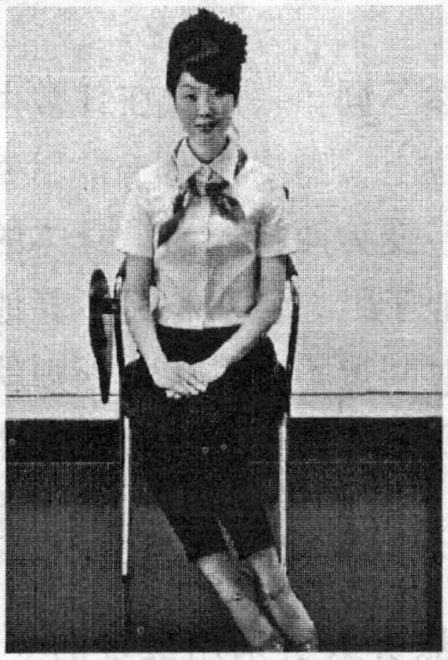

侧坐式

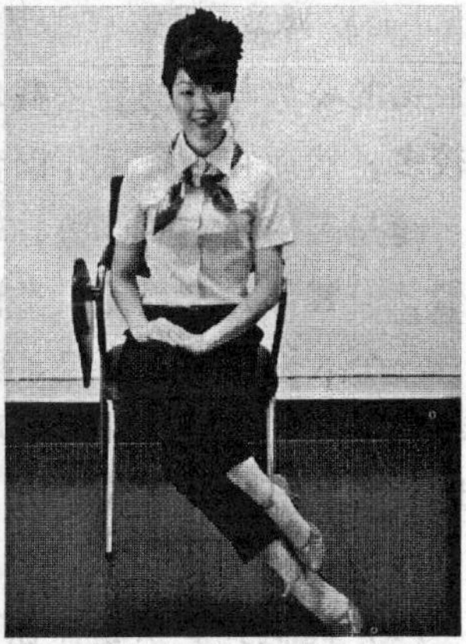

交叠式

4. 坐姿禁忌

有些人站立时很注意姿态，就座后因劳累或突然放松，忽略了仪态规范，表现出不雅的姿态。旅游服务人员在面对客人落座时，切勿违反以下禁忌：

（1）坐姿不稳：前俯后仰、东倒西歪、摇头晃脑、左顾右盼，摆弄物件、手指，整理头发，抓耳挠腮，精神萎靡等。

（2）坐姿不雅：椅面满坐；弓腰塌背，依靠椅背，头枕椅背；两腿分得太开，双腿过分伸张，或勾住椅腿；两手抱膝或夹在大腿之间。

（3）坐姿不"礼"：并坐交谈侧头不侧身；抖腿、晃脚，脚尖或脚掌对人；趴在椅背或桌上，手肘横之于桌；跷二郎腿，或把腿架在椅子、沙发、茶几上。

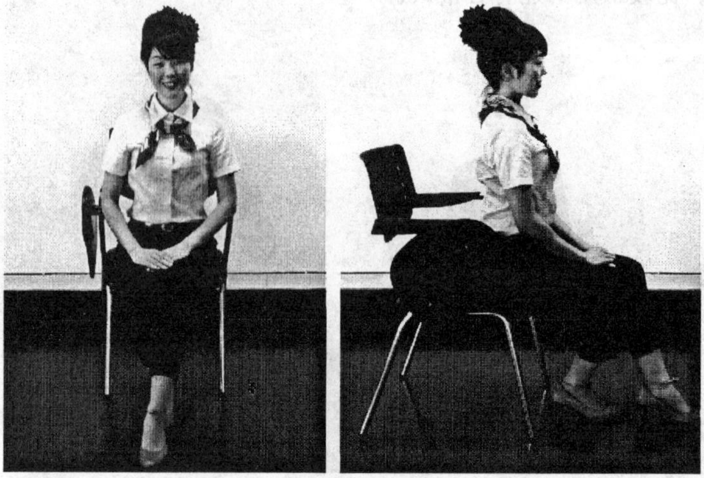

标准式

（四）蹲姿

蹲的姿势与坐的姿势截然不同。一般人在日常生活中，采用蹲姿较少而坐姿较多。然而在服务工作岗位上，蹲姿也属于常用姿态，必须熟练掌握。

蹲是人由站立的姿势，转变为两腿弯曲，身体的高度下降的姿势。它类似于坐，但臀部并未着地；类似于跪，但双膝又不着地。

一个人采用蹲的姿势，时间上不宜过久，否则就会感觉不适。因此，蹲的姿势只是人们在特殊情形下所采取的一种暂时性的体位。主要适用于整理工作环境、低处拾物等情况。

1. 基本蹲姿

(1) 高低式。这是旅游服务人员采用最多的姿势，基本特征是双膝一高一低。

主要要求是：下蹲时左（右）脚在前，完全着地，小腿基本垂直于地面；右（左）脚稍后，脚掌着地，脚跟提起；右（左）膝须低于左（右）膝，右（左）膝内侧可靠于左（右）小腿的内侧，形成两膝一高一低之态；臀部向下，基本上以后腿支撑身体。注意蹲下后保持上身的挺拔，女性应靠紧两腿，男性则可适度地分腿。

(2) 交叉式。通常适用于女性服务人员，尤其是身穿短裙时，重点是蹲下之后，双腿交叉在一起。

主要要求是：下蹲时右脚在前，左脚在后，全脚着地；右腿在上，左腿在下，二者交叉重叠；左膝由后下方伸向右侧，左脚脚跟抬起，脚掌着地；两腿前后靠近，合力支撑身体，上身略向前倾，臀部朝下。

高低式

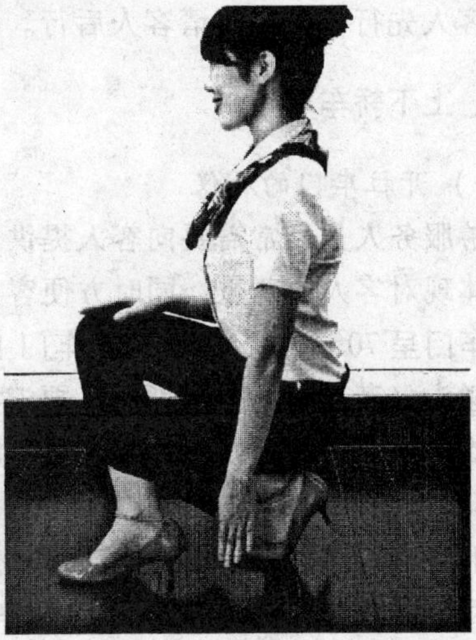

交叉式

2. 蹲姿禁忌

突然下蹲；距人过近；方位失当；弯腰撅臀；大腿叉开；蹲在椅上等；均应禁止。

第二节　旅游服务人员举止礼仪

旅游服务人员在掌握了正确的站、走、坐、蹲等动作要领后，要达到准确与服务对象交往的效果，还要注重举止礼仪。其主要表现在上下楼梯、上下轿车、表情、手势等举止中应注意的地方。

一、上下楼梯

上下比较高的楼梯时，旅游服务人员应当注意以下四点：

(1) 走指定的楼梯。有些服务企业为方便顾客，往往规定员工不得与宾客走一个楼梯。如果有此制度，旅游服务人员必须不折不扣地遵守，不能因为有急事或贪图方便在客梯无人时擅自使用。

(2) 减少在楼梯上的停留。楼梯是人来人往之处，所以不要停在楼梯上休息、交谈或慢吞吞地行进。

(3) 遵守“右侧通行”规则。多人同时上下楼梯时不能并排行进，要一律靠右侧单独行进，保证有急事的人能够快速通过。

（4）保护服务对象。上下楼梯时，出于礼貌，可请服务对象先行。但当楼梯较陡，而服务对象又是老弱病残或妇女儿童时，应当从安全角度出发，上楼时请客人先行，下楼时请客人后行。以防止意外，必要时可搀扶客人。

二、上下轿车

（一）开拉车门的礼仪

旅游服务人员经常需要向客人提供开拉车门服务，尤其是旅游饭店的司门员。为体现对客人的尊重，同时方便客人上下车，开拉车门的动作应注意用左手拉开车门呈70°左右，右手挡在车门上边沿，为客人护顶，以此动作提醒客人小心碰头（若面对的是穆斯林，要避免此动作）。关车门时，也要小心，避免夹住或碰到客人的手或脚。客人下车后，应留意车上是否有客人的遗留物。

（二）上下轿车的礼仪

上下轿车，应注意一些细节动作。上车时，先上一只脚，将身体重心移进去坐稳后，再提上另一只脚。下车时，一般先下落一只脚，然后将身体重心移出后，再提出另一只脚。整个身体一直保持朝前的方向，避免身体面向车门，钻进钻出，使臀部朝向他人。

如果女士穿短裙，不便两腿拉开，避免走光，在上车时，可以先侧身坐在车座后，再将双脚提上来。下车时，可以先侧身将双脚放在地面，再整个身体移出来。

三、表情神态

表情是指人的面部传情达意的细微变化。在非自然语言中，面部表情的“词汇”最多，眼神和微笑是最富于感染力的表情语言。

（一）心灵的语言——眼神

人的内心活动或多或少地会反映到面部表情中来。“眼睛是心灵的窗户”，面部表情包括眼、眉、鼻、颜面肌肉的各种变化及整个头部的姿势等，而眼睛则为人们所格外注意。在服务中，旅游服务人员要通过眼神让对方明白你的热情和真诚，主要取决于对注视部位、方式、时间等三个方面尺度的准确把握，并同时给予美丽的微笑。

1. 注视部位

（1）注视顾客的双眼。适用于问候、倾听、道别等短暂相遇的场合。注视时眼神要显示出坚定、诚恳之意。但注视时间不宜过长，以免带给对方尴尬。

（2）注视顾客的面部。适用于与客人较长时间交谈时。注视时应以顾客的整个面部为区域，以散点柔视为宜，不能聚焦于某一处久看，以免客人产生误解。这也是服务人员最为常用的一种注视方式。

(3) 注视顾客的身体局部。服务人员在工作之中，往往会因为实际需要而对顾客身体的某一部分多加注视。例如，在递接物品时，应注视顾客手部。需要说明的是，如果没有任何理由而去打量顾客的头顶、胸部、腹部、臀部或大腿，都是失礼的表现。

(4) 注视顾客的全身。一般用在与宾客距离较远，或迎送客人时。

2. 注视方式

注视服务对象时要讲究方式，既要方便服务，又不能引起对方误解。旅游从业人员注视服务对象的角度包括正视、平视、仰视、环视。

(1) 正视。即正面注视对方，这是表示重视对方的常用角度，也是做人的基本礼貌之一。旅游服务人员即使与对象同处于一侧，在需要正视对方时，也要将面部与上身转向对方。

(2) 平视。即在注视对方时，身体与其刚好处于相同的高度，使双眼可以平视对方。平视可以表示双方地位的平等。服务规范要求服务人员在岗位上坐着休息时，看见服务对象到来要起身相迎，也是为保证目光平视。

(3) 仰视。即在注视他人时，本人所处的位置较对方低，需要抬头向上仰望对方。反之，若自己所处的位置较对方为高，需要低头向下看对方，则称为俯视。

应该指出的是，仰视与俯视不仅是由人所处的实际位置的高低造成的，也是由人的头部位置是昂或仰造成的。双方身高相同，昂头时，眼睛看对方的角度必然是俯视；低头时，眼睛看对方的角度必然是仰视。在二人面对面站立或坐时，低头抬眼仰视对方，表达的是对对方的尊重甚至是敬畏。而昂头垂眼俯视对方，表达的是对对方的轻视。长者对晚辈用俯视的目光含有宽容与怜爱之意。

旅游服务人员在必要时可以仰视服务对象，但绝不能俯视对方。服务礼仪规定服务人员站立或就座之处不得高于服务对象，主要是为了防止造成俯视对方的状况。如果服务人员身高明显超过客人，在与服务对象交谈时也应该俯身低头，使目光仍能保持平视。

(4) 环视。当一位旅游服务人员为多人服务时，要善于运用眼神对每位服务对象予以关照，就是要给予每一位服务对象以适当的注视，使其不会产生被疏忽冷落之感。当多名服务对象结伴而来时，服务人员既要对其中的重点对象多加注视，又要对其他次要的服务对象不时关注。当多名服务对象互不相识时，服务人员也要能用眼神兼顾所有客人，表示自己一视同仁，愿意为每一位客人提供优质服务。

采用哪一种注视方式，要根据服务时的具体情况而定。但切忌旁视、避视、扫视、盯视、忽视和不视。

3. 注视时间

在人际交往中，注视对方时间的长短相当重要。在交谈中，听的一方通常应多注视说的一方，目光与对方接触时间一般占全部相处时间的1/3～2/3。据专家研究，如果注视对方的时间少于1/3，表示轻视；多于2/3，表示敌意，或是对对方产生了特别的兴趣。

（二）最具魅力的语言——微笑

人的面部表情靠各个器官相互协调，其中微笑是旅游服务人员懂礼貌、有修养的外在表现。著名画家达·芬奇的杰作《蒙娜丽莎》是文艺复兴时期最出色的肖像作品之一。画中女士的微笑给人以美好的享受，使人们充满对真善美的渴望，至今让人回味无穷。被誉为“旅游帝国之王”的希尔顿，当母亲问他发大财的诀窍时，他的回答仅用了两个字——“微笑”。微笑体现服务人员的真诚友善，能促进沟通，融洽宾主之间的情感，表现敬业乐业的工作态度。微笑是服务人员的一种美德，是热情待客的表现，是最具魅力的“礼节”。

1. 微笑的基本要求

真正的微笑是发自内心深处的微笑，应是服务人员真情的流露，服务行业微笑应是真诚而富有亲和力的。

基本要领是：面部肌肉放松，嘴角微翘，露出上边六至八颗牙齿。微笑由眼神、眉毛、嘴巴、表情等方面协调动作来完成。要防止生硬、虚伪、笑不由衷。

2. 微笑的技能训练

微笑的训练方法有：

（1）遐想训练法：回忆美好的往事，发自内心的微笑。

（2）镜子练习法：对照镜子调整和纠正微笑，找出自己认为最满意的微笑，天天练习，使之自然长久地呈现在脸上。

（3）词语训练法。默念英文单词 Cheese 或汉语名词“钱”、“茄子”，这些字词形成的口型，正是微笑的最佳口型。

（4）筷子练习法：即用牙齿横咬住一支筷子，使嘴角上扬，保持甜蜜的微笑。

3. 笑的禁忌

尽管微笑有其独特的魅力和作用，但若不是发自内心的真诚微笑，那将是对微笑的亵渎。有礼貌的微笑应是自然的、坦诚的，是内心真实情感的表露，否则，强颜欢笑，假意奉承，那样的“微笑”则可能会演变成“皮笑肉不笑”，甚至“苦笑”。另外，在服务工作中，旅游服务人员不能放肆大笑，使人感到没有教养；不要讥笑，使对方恐慌；不要傻笑，令对方尴尬；不要冷笑，使对方产生敌意。总之，笑也要因时、因事而宜，否则毫无美感且令人生厌。

四、手势礼仪

如果说“眼睛是心灵的窗户”，那么手就是“心灵的触角”，是人的“第二双眼睛”，因为手是人体上最富灵性的器官。手的“词汇”量是十分丰富的。据语言专家统计，表示手势的动词有近200个。

“仪态万千，手势领先”，在接待服务工作中，手是最频繁使用的身体部位。不仅要用它为宾客服务，必要时也用于补充口语的表达，甚至有时不讲话而单独使用手势。手也常与身体的其他部位配合使用，共同表达某种含义。因此，手的动作是体态语言最重要的组成部分，可以单独称为手势语言。

（一）手势运用的原则

手势语能反映出复杂的内心世界，但运用不当会适得其反，所以，旅游服务人员在手势的运用上，应遵循一定的原则。

1. 使用规范化的手势

在对客服务过程中，应该使用规范、文雅的手势。手势要与情感、口语协调，准确表达意思。礼貌待人，不做不雅或无礼的手势。同时懂得适时运用不同的手势，并注意力度的大小、速度的快慢、时间的长短等。

2. 注意区域差别

旅游服务人员在运用手势时，要考虑手势运用的具体区域以及手势施以的对象这两个因素，以防出现对手势含义理解的不同带来的误会。如酒店门童通常要为乘轿车抵店的客人开拉车门，规范程序中有护顶的动作。但如果面对的是穆斯林，就一定要避免此动作。因为在穆斯林看来，头顶有光，头部被手遮住也就遮住了“圣光”，这是对人的冒犯。因此，准确运用手势，还要求旅游服务人员更多、更详细地了解不同国家、不同民族的文化习俗。

3. 手势宜少忌多

手势不可繁多，动作要简约明快。

（二）常用服务手势

1. “请”的手势，指引方向

基本要求：身体站稳，面带微笑，目光随着手势走，手势到位。

（1）横摆式。适用于表示“请”、“请进”等肢体语言。

基本脚位为标准式或“丁”字形站姿。五指伸直并拢，手从腹前抬起，以肘关节为轴，轻缓向外侧摆动，到身体一侧稍前的地方停住，手部与地面呈45°，手心斜向上方，手腕不可弯曲，肘部微弯，手腕低于肘关节，目视宾客，面带微笑，头部与上身微向手势指引的方向倾斜。

（2）直臂式。适用于为客人指引方向。

以肩部为轴向体侧摆动，五指并拢，掌心向前，抬至与肩同高停下。男性要求手臂与肩同高，肘关节伸直，手、手腕、肘部与肩呈直线。女性要求手臂略弯，手部与肩同高。

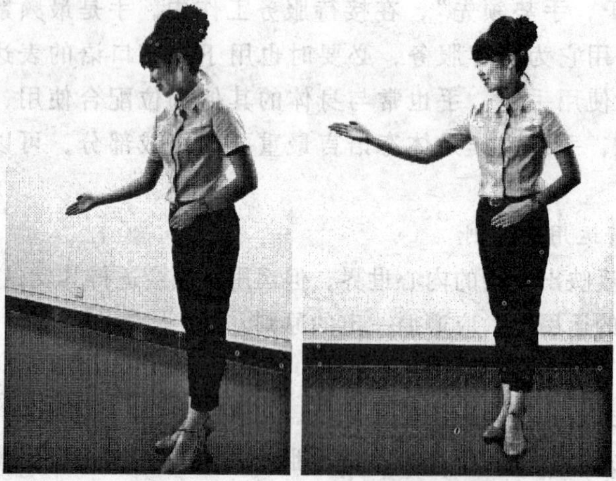

横摆式　　直臂式

（3）曲臂式。适用场合：当一只手拿东西时，用另一只手向客人指引方向，扶电梯门、房门示意宾客先请时。

以肘部为轴，五指并拢伸直，由下朝上抬起，抬至上臂与身体呈45°时，再以肘关节为轴，手臂由体侧向前摆动，摆到手与身体相距一拳处停住。注意面向手指向的方向，面带微笑待客。

（4）斜式。适用场合：请客人入座或示意下楼时。

右手臂抬起，再以肘部为轴，前臂由上向下摆动，使手臂向下呈一斜线。左手背后，或放于腹前，微笑待客。

另外，当来宾较多时，还可采用双臂横摆式表示诸位“请”。

2. 举手致意

举手致意也叫挥手致意，多用于向他人表示问候、致敬、感谢之意。既可以仅用手势，也可以伴以相关的言辞。当旅游服务人员忙于工作时，看见了相熟的服务对象而无暇分身时，向其举手致意，可立即消除对方的被冷落感。

举手致意的要点如下：

（1）面向对方。举手致意时，应全身直立，面向对方脸带微笑。至少上身与头部要朝向对方。

（2）手臂上伸。致意时面对对方，手臂向侧上方伸出。手臂既可弯曲，

曲臂式

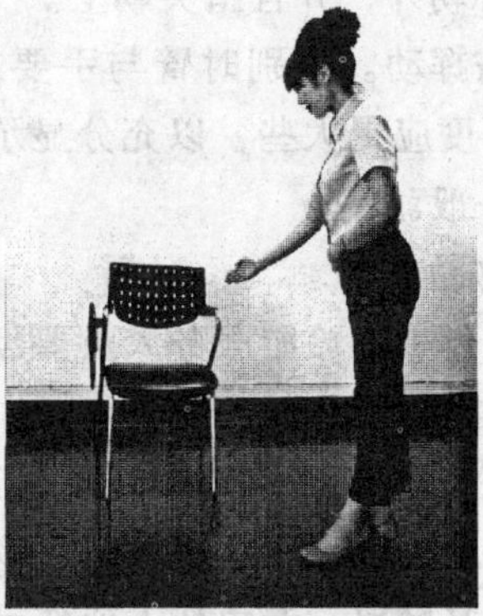

斜 式

双臂横摆式

亦可全部伸直。

（3）掌心向外。即面向对方，指尖向上。

（4）切勿乱摆。举手致意时，手臂轻缓地由下而上地向上伸起，不要左右来回摆动。

3. 挥手道别

挥手道别是与人互道再会时所用的常规手势。要点如下：

（1）身体站直。挥手时一般不要走动、奔跑，不要摇晃身体。

（2）目视对方。以目光注视是重视对方。如果不看道别对象，一边挥手一边扭头与旁边人讲话，则极为失礼。

（3）手臂上伸。以右臂或双臂向前向上伸并挥动。距离越远，手臂应抬得越高。

（4）掌心朝外，并且指尖朝上。

（5）左右挥动。道别时臂与手要左右挥动，而不要上下挥动。以双手道别时，挥动幅度应更大些，以充分显示热情。双手不动或挥动幅度小，远看犹如“投降”一般。

4. 手持物品

在服务工作中，旅游服务人员要经常帮助他人提拿物品，为此必须注意稳妥、自然、到位、卫生等问题。

（1）稳妥。手拿物品时，可根据其具体重量、形状以及易碎与否，采取不同的手势。既可以使用双手，也可以只用一只手。最重要的是要确保物品的安全，尽量轻拿轻放，避免伤人或伤己。

（2）自然。手拿物品时，可依据本人的能力与实际需要，酌情采用拿、捏、提、握、抓、扛、夹等不同姿势。要避免手势夸张，动作应自然协调。

（3）到位。许多物品有专门的位置可供手持，如箱子应当拎提手，杯子应当握杯耳，炒锅应当持手柄。持物时如果手不到位，既不方便，也不好看。

（4）卫生。为人取拿食品时，切忌直接下手。敬茶、斟酒、送汤、上菜时，千万不要把手指搭在杯、碗、碟、盘边沿，更要当心“染指”于汤水中。

5. 递接物品

递物与接物是常用的一种动作，递送物品时要注意以下几点：

（1）双手为宜。行走时，文件应拿在左手；递接时，文件、名片等要下面朝向对方，双手拿在文件、名片的上部，大拇指在上，四指在下，同时要行微鞠躬礼。

（2）送到手中。为客人递送物品时，最好直接交到客人手中。一般不要以忙为理由，随手将所递物品放在桌上了事，这样会给人以不耐烦的感觉。端茶送水可以放在桌上，但必须是双手，同时说“请用茶”。

（3）主动上前。如果服务人员是坐着，递物时则应起身站立；若双方相距过远，还应当主动走近接物者。

（4）尖、刃朝内。递笔、刀、剪之类尖利的物品时，应将尖利一方朝向自己，而不应朝向对方。递无刀鞘水果刀时，应将刀刃朝向自己。

（5）方便接拿。服务人员在递物于人时，应当为对方留出方便接取物品的地方，如物品的把手、系带等，不能让对方接物时无从下手。递送有文字的物品时，还须使物品的正面对着对方。

接取物品时应注意：

（1）目视对方。不要只顾注视物品。

（2）双手接取。不方便双手接取时要用右手接。

（3）起身接取。必要时，应当起身站立，并主动走近对方。

（4）先递后取。不要急不可待地直接从对方手中抢取物品。

【案例1】

笑的误解

一次，一个西欧旅游团深夜到达某饭店，由于事先联系不周，客房已满，只好委屈他们睡大厅。全团人员顿时哗然，扬言要敲开每一个房间，吵醒所有宾客，看看是否真的无房。此时，客房部经理却向他们“微笑”着耸耸肩，表示无可奈何，爱莫能助。这使宾客更为不满，认为经理的这种微笑是一种幸灾乐祸的“讥笑”，是对他们的侮辱，便拍着桌子大声喝道：“你再这样笑，我们就要揍你！”使这位经理十分尴尬。后来在翻译人员的再三解释下，客人的愤怒才告平息。

分析：客房经理出了什么错？

【案例2】

“女士优先”

在一个秋高气爽的日子里，迎宾员小贺，着一身剪裁得体的新制衣，第一次独立地走上了迎宾员的岗位。一辆白色高级轿车向饭店驶来，司机准确地将车停靠在饭店豪华大转门的雨棚下。小贺看到后排坐着两位男士、前排副驾驶座上坐着一位身材较高的外国女宾。小贺一步上前，以优雅姿态和职业性动作，先为后排客人打开车门，做好护顶关好车门后，小贺迅速走向前门，准备以同样的礼仪迎接那位女宾下车，但那位女宾满脸不悦，使小贺茫然不知所措，他认为通常后排座为上座，一般凡有身份者皆在此就座。优先为重要客人提供服务是饭店服务程序的常规。

分析：这位女宾为什么不悦？小贺错在哪里？

◎思考题

1. 仪态美、举止美的意义何在？

2. 站姿、走姿、坐姿、蹲姿的总要求与要点分别是什么？

3. 在引领客人、进出客房、陪客人走楼梯、出入电梯、搀扶客人时，应如何体现对客人的尊重？

4. 手势运用的基本原则是什么？

5. 与人交谈时应如何注视对方？

◎实训题

1. 模拟旅游工作岗位，训练正确的站姿、走姿、坐姿、蹲姿、手势。

2. 模拟旅游工作岗位，训练微笑服务、低处取物、递送物品、引领客人等。

第六章　旅游服务人员服务用语礼仪

语言是人类最重要的工具，是人们进行沟通交流的各种表达符号，是人们保存和传承人类文明成果的重要媒介。良好的语言沟通和交流能力是对旅游服务人员的最基本要求。旅游接待服务的过程，是从问候客人开始到告别客人结束，语言是完成各种接待工作的重要手段。对于一名旅游服务人员，语言交际已不单单是对语言的组织和运用，其关键在于懂得在服务的方方面面能够掌握语言交际的礼貌礼仪，即把握语言运用的基本要求、通则和礼貌举止，注意交际的对象和话题的选择。

第一节　旅游服务行业用语的基本特征

一、旅游服务礼貌用语的概念

礼貌话语是旅游服务行业的从业人员用来向宾客表达意愿、交流思想感情和沟通信息的重要交际工具，是接待宾客时用来对宾客表示友好和尊敬的一种礼貌性语言。

礼貌用语具有体现礼貌、提供服务的双重特性。俗话说得好："良言一句三冬暖，恶语伤人六月寒。"这十分形象也十分朴实地说明了使用礼貌用语的重要性。旅游服务人员一定要真正理解旅游服务礼貌语言的内涵及重要性，这样，才能在具体的服务过程中自觉地、恰到好处地加以运用，从而形成的一种良好的职业习惯和职业修养。

二、旅游服务礼貌用语的基本特征

职业语言是某一职业岗位的从业人员必须掌握的工作语言，不同的职业有不同的职业语言的特征。从事旅游服务行业的服务人员必须认识和理解本行业的语言特征。

（一）言辞的礼貌性

礼貌用语，关系到祖国的声誉，关系到组织及个人的良好形象。我国素以语言文明、礼貌待客著称于世，各国宾客来到我国都有感受和了解中国文化、增强国际间的友谊和合作的美好意愿。如果我们说话不注意文明礼貌，伤害了外宾的自尊心，客人就会对中国这个“礼仪之邦”产生怀疑，这必将对社会主义中国的声誉产生不良影响。礼貌用语是展示个人素养的重要方面，更是显示组织形象的重要窗口。因此，注意言辞的礼貌性是旅游从业人员的基本要求。

旅游服务行业用语言辞的礼貌性，主要体现在对敬语的使用上。敬语主要包括尊敬语、谦让语和郑重语。

1. 尊敬语

是说话者直接表示自己对听话者敬意的语言，通常宜在说话人把听话人视作上位者使用，如“先生，对不起，让您久等了”。尊敬语力求让顾客感受到自己在服务人员心目中所占有的地位，以及自己作为一名旅游者在旅游活动中所享有的被敬重和礼遇。

2. 谦让语

是说话人利用自谦，直接表示自己对听话者敬意的语言，宜在说话人要表明自己是下位者时使用，如“过一会儿我来拜访您”，谦让语充分体现了“退让以敬人”的礼仪原则。即在人际交往活动中，人与人之间本身地位平等，施礼于人者本身应退让一步，将宾客放在自己之上，从而让宾客享受被尊重的快乐。

3. 郑重语

是说话者使用客气、礼貌的话语向听话人间接表示敬意的语言。使用郑重语时，一般并不表明说话人与听话人是上下级关系，只是出于客气、礼貌，如离席时说一声“我先走了，你们慢慢谈吧”；分别时说一声“明天再见”等。

敬语最大的特点是彬彬有礼，热情又庄重。使用敬语时，一定要注意时间、地点和场合，语调要甜美、柔和。敬语是一种礼貌用语，即使在礼貌不周的情况下，也必须坚持使用，而不能感情用事，语言不当。使用敬语时要注意用“您”来称呼对方，也宜用尊称，而不能直呼其名。寒暄语是进行有效沟通的开端，比如一句“今天天气真不错，我们的快乐旅程看来就要实现了”，寒暄语的使用，容易拉近与宾客的距离，使宾客对你产生良好的印象。

（二）言辞修饰的情感性

旅游服务中语言上要充分尊重宾客的人格和习惯，绝不能讲有损宾客自尊心的话。这就要求注意满足顾客心理需求的情感性。措辞的修饰性主要表现在经常使用的谦谨语和委婉语两个方面。前者是谦虚、友善的语言，能充分体现说话者对听话者的尊重，并让宾客获得宾至如归的感觉。谦谨语常常是以征询式、商量式的语气表达，如：“这张桌子已有人预订了，请用那张靠窗的好吗?”委婉语是用婉转、含蓄的表达方式来代替直露的语言，如：“请您从这边走”要比“您走错了”效果好。请比较下面这两种不同的说法：

第一种说法："对不起，您的房间还没有收拾好。"

第二种说法："请稍等，您的房间马上就收拾好。"

"马上就收拾好"实际上也就是"还没有收拾好"，但这种说法显然要比直说"还没有收拾好"要好得多。有时候为了不让客人太失望，需要反话正说。

假如在旅游旺季，客人来酒店预订房间，这时只有一间房间了，这话该怎么对客人说呢？请比较下面两种不同的说法：

第一种说法："您运气不好，只剩下一间房间了，您要不要？"

第二种说法："您运气真好，还有一间房间，我们可以留给您。"

如果你是那位客人，相信你会更喜欢第二种说法。这些不同的说法只是细小的区别，但这不是"逻辑"上的区别，而是"感情"上的区别，我们要为客人提供优质的"心理服务"，就不能不重视这些细小的区别。

（三）语言的生动性

在服务宾客时，生动的语言可以拉近与宾客之间的距离，带来意想不到的结果。一位游客在登山时不小心被树枝挂破了心爱的衣服，非常难过，这时导游小姐走过来风趣地对她说："人有情，山也有情，你看连树枝都要挽留你。"一句话使游客心情变好了。旅游服务人员的语言应当生动，生动的语言才能使人感到亲切、热情，能使气氛活跃、感情融洽，还能在轻松愉快的气氛中说出耐人寻味的话题。因此，旅游服务人员应努力掌握说话的技巧，注意语言的生动性。

（四）表达的灵活性

礼貌用语应当是生动的、丰富多彩的。如果在旅游服务工作中只是简单、重复地使用一句问候语，就不可能取得好的效果。服务人员应当灵活地用不同的敬语来招呼宾客，使其产生亲切感和新鲜感。在使用礼貌用语时要察言观色，随时注意宾客的反应，针对不同的对象、不同的性格特点、不同的场合，灵活地说不同的话语。一般来说，可以通过宾客的服饰、语言、肤色、气质等辨别宾客的身份，通过宾客的面部表情、语气的轻重、走路的姿态、手势等行为举止来领悟宾客的心情。

在心理学上，心理学家常用"七色情绪谱"来表现人的情绪，如下表。①

颜色	红色情绪	蓝色情绪	橙色情绪	紫色情绪	黄色情绪	黑色情绪	绿色情绪
代表情绪	非常兴奋	忧郁悲伤	快乐	焦虑不满	明快愉快	沮丧颓废	安静沉着

① 彭聘龄：普通心理学，北京师范大学出版社 2001 年版，第 176 页。

因此，旅游服务人员要学会“察言观色”。遇到语言激动、动作急躁、举止不安的宾客，要特别注意使用温柔的语调和委婉的措辞。遇到紫色情绪，特别是宾客需要投诉时，说话时更要谦虚、谨慎、耐心、有礼，要设身处地地为宾客着想，投其所好，投其所爱。要学会揣摩宾客的心理，以灵活的语言来应对各种宾客。

使用生动幽默的语言，也可增强语言的应变力，形成生动、灵活、随机的语言特色。幽默的语言是通过意味深长的诙谐语言来传递信息。幽默具有神奇的功效，它能融洽气氛，可以解除困境。例如一辆旅游车在坑坑洼洼的道路上行驶，游客中有人抱怨。这时，导游员说：“请大家稍微放松一下，我们的汽车已在给大家作身体按摩运动，按摩时间大约10分钟，不另收费。”引得游客哄然大笑。这位导游以苦中求乐的口吻，把一件本来不愉快、不轻松的事说得轻松怡然，化解了游客的抱怨情绪，这正是幽默语言的力量。

第二节　旅游服务行业用语的正确使用方法

礼貌服务用语是旅游服务行业的从业人员在接待宾客时需要使用的一种礼貌语言。就旅游行业来说，礼貌用语是旅游服务人员为旅游者服务，传递信息和情感，增进友谊的桥梁，也是二者相互了解的媒介。旅游者来自四面八方，初来乍到，对当地的一切不甚了解，旅游服务人员只有通过礼貌服务用语，才能相互认识，进一步了解，达到沟通情感的目的，从而使旅游者对旅游产品、服务产生兴趣和好感，留下深刻的印象和美好的回忆，达到优质服务的目的。

在人际交往中，语言可以改善局面，也可以恶化局面。在旅游服务过程中，由于各种原因难免会产生误会、差错，此时正确使用礼貌用语，主动耐心解释，有助于消除误解，处理好问题和矛盾。

礼貌服务用语也是旅游服务行业的“软件”内容之一。当今，随着旅游业的迅速发展，其硬件设施上的差距日益缩小，服务人员的素质和服务质量等“软件”上的竞争日益激烈，使用礼貌服务用语，既显示出了服务人员良好的素质修养，也让旅游者感受到了应有的礼遇与尊重。旅游服务人员应从以下几方面来加强礼貌用语的正确使用。

一、语言要准确、选择词语要恰当

（一）语言要准确

首先是说话应力求发音清晰、语意完整、合乎语法，否则，即使你态度诚恳，但由于你语词不清，所表达的语意不完整，同样会引起客人的误解和不悦。

（二）选择词语要恰当

在表达同一种意思时，由于选择词语的不同，往往会给宾客以不同的感受，产生不同的效果。例如“请往那边走”，使宾客听起来觉得有礼貌，若把“请”字省去，变成了“往那边走”，在语气上就显得生硬，变成命令式的了，这样会使宾客听起来很刺耳，难以接受。另外，在服务中要注意客气的用语，如说“用饭”代替“要饭”，用“几位”代替“几个人”，用“贵姓”代替“您叫什么”，用“去洗手间”代替去“大小便”，用“不新鲜、有异味”代替“发霉”、“发臭”，用“让您破费了”代替“按规定要罚款”等，这样会使人听起来更文雅，免去粗俗感。

另外，在使用礼貌用语时不能使用方言、土语，要用普通话。一是可避免语意表达不准，二是可避免触犯客人的某些忌讳，否则，容易引起客人的反感。

二、语言要简练、明确、恰当

（一）做到语言简练，中心突出，达到对方能理解的目的

“言不在多，达意则灵。”若语言啰啰嗦嗦，拐弯抹角，话说一大堆还是说不清，听者就会厌烦、急躁，甚至产生误会或纠纷。因此，服务人员与客人谈话应言简意赅，时间应恰当，不宜过长，否则不仅会影响客人，而且也是一种不尊重客人的失礼行为。

（二）说话要做到语气、语调和语速恰当

在接待宾客时，要注意语言、音调和速度的运用。说话不仅是在交流信息，同时也是在交流感情。许多复杂的情感往往通过不同的语调和语速表现出来。如明快、爽朗的语调会使人感到大方的气质和亲切友好的感情；声音尖锐刺耳或说话速度过急，使人感到急躁、不耐烦的情绪；有气无力、拖着长长的调子，会给人一种矫揉造作之感。因此，在与宾客谈话时掌握好音调和节奏是十分重要的。

我们应通过婉转柔和的语调，创造一种和谐的气氛和良好的语言环境，同时还应根据不同对象和实际情况作适当调整。在与宾客交谈时，要吐字清楚，无论是普通话、外语还是方言，咬字都要清晰，尽可能讲得标准。嗓音要悦耳，给人以美而亲切的感觉。一个人的态度是友好还是充满敌意，是冷静还是激动，是诚恳还是虚假，都可以从他的声调节奏、停顿中表现出来。俗语说：“听话听声，锣鼓听音。”我们在判断一个人说话的情绪和意图时，固然要听他“说什么”，但更应该注意他“怎样说”，即从他的声调高低、音量大小、抑扬顿挫及转折、停顿中领会其“言外之意”，而这些就叫辅助语言。

辅助语言对语言的表达起着“补充”和协助的作用。辅助语言能加强或改变词语本身的含义，一句话既可以表示赞扬，也可以表示讥讽，全靠语调和语气的不同。在服务工作中，如果正确使用辅助语言，能达到有效沟通的目的。比如客人刚进酒店以后，如果服务员声调太小，客人会觉得服务员不冷不热、态度傲慢；声调过高，客人会觉得服务员做作或者认为服务员不耐烦而造成误会；正确的声调应当是响亮而有朝气，以表示一种喜悦的心情。

（三）与宾客讲话要注意场合恰当

在使用礼貌用语时，必须察言观色，要随时注意宾客的反应，根据不同对象、不同场合，灵活使用不同用语。在宾客思考问题或是与朋友谈话时，如需打断，要待宾客允许，方可与之讲话。

三、注意选用询问和回答的方式

服务人员在与宾客对话中，为了有利于双方的交流和理解，应恰当地选择询问和回答的方式。具体方式和适用情况如下：

关切性的询问。当宾客来到我们服务人员面前时，服务人员应用主动关切的话语来表示欢迎，并表现出应有的服务热情。

征求性的询问。当宾客需做出决定或选择时，通常需要用征询性的话语来帮助宾客出主意。

提议性的询问。当宾客在为难、犹豫，需要他人帮助时，可以用试探性的口吻向其提议，由我们的服务员去帮助其做某件事。

针对性的回答。即宾客问什么，直截了当地做出明确答复。

解释性的回答。当宾客对某事某物存在疑虑或想弄个明白时，我们可作解释性的回答。

宽慰性的回答。当宾客碰到急事、难事而焦急发愁，求助我们帮助解决时，需要我们理解他们的处境和心情。因此服务人员在回答他们的问题时，可说些安抚性的话，并积极采取措施，尽力向他们伸出援助之手。

四、使用礼貌服务用语应避免机械单一

礼貌服务用语应该是生动、丰富多彩的。但是，由于一些主观和客观的原因，服务人员在具体使用问候语时总是显得机械单一，只会重复“您好”或“早上好”，千篇一律。这对初次见面的宾客来说是无关紧要的，若对短时间多次见面的宾客来讲，定会令其生厌。这种刻板的重复缺乏的是用心做事的态度和人际情感的良好交流。为了避免使用问候语的机械和单一，我们应对短时间内多次照面的客人灵活地使用不同的敬语来招呼，服务人员应在岗位允许的范围内交替使用不同的问候语。

五、要注意语言、表情和行为的一致性

作为一名优秀的服务人员，在接待宾客时应把语言与恰当的表情、美的行为结合起来，在与宾客讲话时，要注意举止表情。因为语言和表情都是用来表达思想感情的，而行为则是自己所表达的思想感情的实施。如果一个使用礼貌服务用语接待宾客的服务人员，面无微笑，目光冷漠或者是一边在做他自己的事，甚至坐着与站立在面前的宾客说话，这种言行不一的举动，即使语言再美，也给人一种不舒服的感觉，也将使礼貌服务用语失去它本身的意义，这是服务工作中必须引起注意的。

服务人员与宾客讲话时，具体应做到如下几点：

微笑是人与人沟通交流的基本礼仪。与宾客讲话时，要面对宾客站立，并始终保持微笑。

巧妙地使用目光：如果想给客人一种亲切感，就应该让眼睛闪现出热情而诚恳的光芒；如果想给客人一种稳重感，就应该送出平静而诚挚的目光；如果想给客人一种幽默感，就应该用一种俏皮而亲切的目光。

要垂手恭立，距离适当（一般以 1 米左右为宜），不要倚靠他物。

要举止温文，态度和蔼，能用语言讲清的，尽量不加手势。

讲话要吐字清楚，嗓音悦耳，给人以亲切感。

认真听取宾客的陈述，随时察觉对方对服务的要求。

不论宾客说出来的话是误解、投诉或无知可笑，还是宾客说话的语气多么严厉或粗暴无礼，都要耐心认真听取，不能在表情和举止上露出反感、蔑视之意。即使双方意见不同，也只能婉转地表达自己的看法，而不能当面提出否定的意见。

在听话过程中不去随意打断对方的说话，也不随便插话。听话时要随时做出一些反应，可边听边点头，或以“嗯”的声音进行反馈，也可以说“我明白您的意思”等来表明你在用心听。

要进退有序，在与宾客讲话结束离开时，要先后退一步，然后转身离开，以示对宾客的尊重，不要扭头就走。

凡是答应客人的事，一定要尽力去办好，要做到“言必行，行必果”。但遇到自己没有把握的事，要及时汇报，不能随便答应。

第三节 旅游服务行业规范用语

在礼貌话语中除文明礼貌用语外，多为约定俗成的礼貌辞令，它包括客套说法，规范性和非规范辞令。这些礼貌话语的使用，最基本的规则是力求礼

貌、规范，而且要准确得体，以示对对方的尊重和友好。其主要特征包括主动性、约定性、亲密性。

一、常用礼貌服务用语

迎客时说“欢迎”、“欢迎您的光临”、“您好”等。

对他人表示感谢时说“谢谢”、“谢谢您”、“谢谢您的帮助”等。

接受宾客的吩咐时说“听明白了”、“清楚了，请您放心”等，严禁说“我知道了”。

不能立即接待宾客时说“请您稍候”、“麻烦您等一下”、“我马上就来”等。

对在等待的宾客说“让您久等了”、“对不起，让你们等候多时了”等。

打扰或给宾客带来麻烦时说“对不起”、“实在对不起”、“打扰您了”、“给您添麻烦了”等。

由于失误表示歉意时说“很抱歉”、“实在很抱歉”等。

当宾客向你致谢时说“请别客气”、“不用客气”、“很高兴为您服务”、“这是我应该做的”等。

当宾客向你致歉时说“没有什么”、“没关系”等。

当听不清楚宾客问话时说“很对不起，我没听清楚，请重复一遍好吗”等。

送客时说“再见”、“一路平安”、“再见，欢迎您下次再来”等。

当你要打断宾客时说：“对不起，我可以占用一下您的时间吗？”“对不起，打扰一下”等；在服务接待工作中，使用礼貌用语应做到主动、自然和熟练。要把“请”、“您好”、“谢谢”、“对不起”等最基本的礼貌用语与其他服务用语密切结合加以运用，给我们的工作增添绚丽的色彩。

二、“十字”礼貌用语在服务中的运用

“您好”、“请”、“谢谢”、“对不起”、“再见”等“十字”礼貌用语是日常生活中人际交往需要，是社会大力提倡的礼貌用语，也是在服务行业中使用频率较高的一种礼貌服务用语。但是，在服务过程中，使用“十字”礼貌服务用语必须把握好时机，注意相应的有关问题，才能运用得自然、得体。

（一）如何使用“您好”

“您好”是向别人表达敬意的问候语和招呼语，在服务中恰当使用能使宾客产生亲切感。在具体使用中必须做到适时、得体、自然。

1. 使用时机

（1）欢迎客人光临或宾客来到服务岗位前。在此种情况下，服务员应先

主动招呼客人“您好”，然后才能说其他服务用语；而不能先说其他服务用语，再招呼“您好”。

(2) 回敬别人问候或招呼时。当别人先向我们打招呼说“您好”时，我们应立即回敬“您好”，同时伴以微笑和点头。

2. 应注意的问题

(1) “您好”的适用范围较广，不受时间、交际场合和交际对象的限制，随时都可以使用。

(2) 使用“您好”应避免机械单一或重复，尤其对短时间内多次碰面的客人更应注意。问候客人可以采用时间性问候，即根据早、中、晚大概时间问候，如“早上好”、“中午好”、“晚上好”。

(二) 在服务中适用于“请”字的几种情形

加不加“请”字，与态度有关，有没有“请”字就与品位、教养画等号了。“请”字本身就包含着对他人的敬意。

“请”字既可单独使用，也可与其他词搭配使用。通常在以下情况时需使用“请”字：

当需要请求别人做某事时使用“请”字。如“请坐”、“请用茶”、“请这边走”等。同时伴以恰当的手势表示恭敬。有时在对方明白自己的手势含义时，也可以只说一个“请”字。在表示对他人关怀时，可使用“请”字。如“请别忘了您的东西”、“请慢走”、“请走好”等。

在要求对方不做某事时可用“请”字。如“请不要在这儿吸烟”、“请不要大声喧哗”等。

在关照或安抚他人时可用“请”字。如“请稍候，我马上来”、“请各位放心，我们将为您提供一流的服务，让您住得舒心，吃得开心”等。

在希望得到他人谅解时要用“请”字。如“请原谅”、“请相信”、“请理解”等。

(三) 使用“谢谢”应注意的几点

“谢谢”是表示感激的礼貌用语。在接待服务中，当他人为自己提供协助、合作、帮助或配合时；在宾客付费或办完旅行手续后；宾客对我们的服务提出意见、建议时或对我们的服务工作表示满意、称赞的情况下，都应及时地使用“谢谢”这种礼貌用语。无论是在日常生活中，还是在某些旅游收费岗位上，旅游从业人员一定要养成一个主动向对方道谢的习惯，感恩之心常存是做人的一种基本教养。但是在具体使用中应注意以下几点：

说“谢谢”时要表情自然，面带微笑，目视对方；“谢谢”二字的重音应该在第一个字上，要吐字清楚，语速适中，语调柔和，节奏不能呆板。

不可千篇一律、机械地使用“谢谢”，可根据实际情况作些变化。可改说为“多谢”、“十分感谢”、“谢谢您的帮助”、“谢谢您的称赞”、“谢谢您的关照”等。

通常道谢只用“谢谢”二字，不一定另加称呼指代。若需加重感情时可根据场合以及对方的年龄、身份、职业、性别、地位等综合因素，作适当补充。如“谢谢您”、“谢谢各位光临”、“谢谢在座的各位领导”、“谢谢大家的关心”等。

恰当把握好说“谢谢”的时机和使用频率。说“谢谢”的时机如前面所述，一是在客人离别时，一般的说法是“谢谢您的光临，欢迎下次再来”；二是在请求他人帮忙时和帮忙后。前者可以说：“谢谢您帮个忙，好吗?”后者说声“谢谢”。这一前一后两声“谢谢”的用法和含义不同，前者意为请求，后者着重表示致谢。

“谢谢”不能说得太多，说多了反而会令人生疑，产生虚情假意之感。

致谢要发自内心，但不要计较他人的反应。我们向别人说声“谢谢”应发自内心，真心实意，绝不可流露丝毫的敷衍。在通常情况下，对方在听到致谢后应有所反应，说声“不用谢”或“不必客气”，或不做声地报以微笑。但偶尔也会有人没有反应，好像没有听到似的，显得麻木或毫不在意，对这种不礼貌的行为我们应持毫不介意的态度，不与其计较而应坚持以诚相待，用自己的热情、礼貌去感染“上帝”。

(四) 需要说“对不起”的几种场合

“对不起”是道歉的礼貌用语，通常是自己有愧于别人或有过分行为时使用，具有请求他人原谅的含义。在具体使用时应做到：该说的时候要及时，不该说的时候不能说。在服务中需认真地使用“对不起”的有如下几种场合：

当我们的服务人员言行举止不当时，为了取得服务对象的原谅，需使用“对不起”。如“对不起，我错怪您了”、“对不起，我把事给忘了，这是我的疏忽”等。

当服务不及时或打扰了客人，希望得到客人谅解时，需使用“对不起”。如“对不起，请稍等片刻”、“对不起，让您久等了”、“对不起，打扰您了”等。

当不能满足客人的需要时用“对不起”。如“对不起，您所说的航班机票已经没有了，请问是否调换其他航班”、“对不起，我们国内旅行社不能经营国际旅游业务”、“对不起，今天是星期六，一间空房也没有了，您在这房间先住一夜，明天早上有客人离店，我们请总台给您安排”等。

在坚持规章制度又必须礼貌待客时用“对不起”。如“对不起，您的朋友没有向旅行社办理加入旅行团的手续，不能随团旅游”、“对不起，请您保管好护照，否则是不可以办理出入境手续的”。

需引起他人注意时用“对不起”。如遇有他人挡道或欲打断别人交谈及不得不引起他人注意时，可以说“对不起”。如：“对不起，请问您是某某先生吗?”“对不起，小姐，有您的电话”，等等。

(五) 使用“再见”的要点

“再见”是人们在分别时的基本告别语，含有依依不舍、希望重逢的意愿，凡熟人间相互告辞或与陌生人短暂接触分离时，都应说“再见”。在具体使用时要掌握好以下要点：

说“再见”，要自然、亲切，面带微笑，目光凝视对方，不可东张西望，漫不经心，更不要矫揉造作。

说“再见”，不要把声音故意拖长、放慢，嗓音不宜过大，可适当借助握手、摆手等手势来表达。

说“再见”时可以根据当时的情景说上几句其他的话语。如“希望再次见到您”、“祝您一路平安”等。

说“再见”需注意与对方再次见面时间长短的实际情况，交换说法，使之更为贴切。对于一天多次见面或经常见面的客人，宜用“回头见”、“下午见”、“下星期见”。

向他人告别不要局限用“再见”，可根据送别对象（初识者）的不同及不同场合（餐厅、商场、大堂门口、车站、码头、机场），选用不同的告别语。如“慢走”、“请好走”、“晚上见”、“晚安”、“明天见”、“一路平安”、“欢迎再来”、“后会有期”等来作补充和转换。

不论是主动打电话还是接听电话，在通话结束时，都应主动说“再见”，以示礼貌。

三、礼貌中的“五声十语”

“五声”：

欢迎声；问候声；致谢声；道歉声；欢送声。

“十语”：

欢迎语：欢迎光临；请跟我来；欢迎您来我们酒店用餐，请问几位?

问候语：您好；你们好；早上好；中午好；晚上好；多日不见，近来好吗?

征询语：对不起，打扰了，请问您有什么需要？请问您有什么吩咐?

应答语：好的，请稍等，我马上就来；不客气，不用谢，这是我们应该做的。

道歉语：对不起，请原谅，实在对不起，这完全是我的错；对不起，失礼了，非常抱歉；对不起，让您久等了，请别介意；请多包涵。

告别语：您慢走；您走好；保重；谢谢光临；欢迎下次光临，再见。

祝贺语：祝您节日快乐；生日快乐；周末用餐愉快；新年快乐；恭喜发财。

感谢语：谢谢；非常感谢。

称呼语：先生；小姐等。

提醒语：请随身携带好贵重物品。

四、服务人员用语三十忌

- 找谁？
- 你，干啥？
- 不知道。
- 一边站着去。
- 该下班了，快点。
- 着什么急！
- 我就这态度，怎么着？
- 谁说的，你找谁？
- 你没长眼！
- 越忙越添乱，真烦人。
- 现在才说，刚才干什么去了？
- 我不管。
- 你事不少，毛病。
- 告诉你了还问。
- 墙上贴着呢，自己看。
- 问别人去。
- 挤什么！急什么！
- 少啰嗦！
- 我现在没空，等会再说。
- 活该。
- 你没长耳朵？
- 你问我，我问谁？
- 看不惯的事多着呢，学着点。
- 你的事，怨谁！
- 有意见找（头）领导去。
- 有完没完？
- 你这人真麻烦。
- 怎么不早准备好？

- 我还没着急，你倒不耐烦了。
- 今天不办公。

【案例 1】

为何小刘会被顾客误解?

服务员小刘第一天正式工作，被安排在饭店值台，她刚经过三个月的岗位培训，对于做好这项工作十分有信心，自我感觉良好。

一天下午，两位港客从电梯门中走出，小刘立刻迎上前去，微笑着说："先生，您好!"她看过客人的住宿证，然后接过他们的行李，一边说："欢迎入住本饭店，请跟我来。"一边领他们走进客房，随手给他们沏了两杯茶放在茶几上，说道："先生，请用茶。"接着她又用手示意，一一介绍客房设备设施："这是床头控制柜，这是空调开关……"这时，其中一位客人用粤语打断她的话头，说："知道了。"但小刘仍然继续说："这是电冰箱，桌上文件夹内有'入住须知'和'电话指南'……"未等她说完，另一位客人又掏出钱包抽出一张面值10元的外汇不耐烦地丢给她。这时，小刘愣住了，一片好意被拒绝甚至误解，使她感到既沮丧又委屈，她涨红着脸对客人说："对不起，先生，我们不收小费，谢谢您!如果没有别的事，那我就告退了。"说完便退出房间回到服务台。

此刻，小刘心里非常费解：自己非常礼貌热忱地给客人耐心介绍客房设备设施，为什么会不受客人欢迎。

分析：本案例中的小刘为什么会被误解？在进行旅游礼仪服务时要注意什么?

【案例 2】

"下台剪彩"

某旅游公司的办公大楼新近落成了，拟举行剪彩仪式。请来了市长和当地各界名流参加，并请他们坐在台上。仪式开始时，主持人宣布："请市长下台剪彩!"却见市长端坐没动；主持人很奇怪，重复一遍："请市长下台剪彩!"市长还是端坐没动，脸上还露出一丝恼怒。主持人又宣布一遍："请市长剪彩!"市长才很不情愿地勉强起来去剪彩。

分析：主持人说话为什么不符合礼仪规范?

◎思考题

1. 旅游服务行业用语的基本特征是什么？

2. 服务人员与宾客讲话时，具体应做到哪几点？

3. 礼貌中的“五声”、“十语”的具体内容是什么？

4. 在服务接待工作中，为什么要强调语言、表情、行为的一致性？

◎实训题

模拟旅游服务人员的岗位工作，训练使用各种礼貌用语为客人服务。

第七章　旅游服务人员日常见面礼仪

人类文明发展到现在，无论哪个民族、哪种信仰的人，见面时都要使用各种各样的礼节，主要表现为问候、握手、介绍、点头致意等方式，特殊一点的还有诸如鞠躬、碰面、碰鼻、亲吻等风俗。但无论哪种见面的礼节，有一点是一致的，那就是对人的敬重。作为旅游服务人员，要为宾客提供良好和优质的服务，更应懂得和了解服务过程中的各种礼仪、礼节。而日常见面礼仪正是体现其综合素质的第一步。

第一节　称呼礼仪

“音乐始于序曲，交谈起于称呼。”称呼指的是人们在日常交往之中，彼此之间所采用的称谓语。选择正确、文雅、适当的称呼，不仅反映了自身的教养与对对方尊敬的程度，而且使对方感到愉快、亲切，也易于增进双方的情感，为深层交际打下基础。

一、正规、正确、恰当的称呼

（一）姓名性称呼

在工作岗位上直呼其姓名，一般限于同事、熟人之间，例如“刘小军”、“张大明”等；也可在姓前加上“老”、“大”、“小”等前缀；例如“老刘”、“小张”等。

（二）职务性称呼

即以交往对象的职务相称，以示身份有别、敬意有加。这是一种最常见的称呼，就是将职务和姓并称使用，如“张总经理”、“周局长”等。

（三）职称性称呼

对于具有职称者，尤其是具有高级、中级职称者，在工作中直接以其职称相称。如“王教授”、“徐工程师”等。

（四）行业性称呼

在工作中，有时可按行业进行称呼。对于从事某些特定行业的人，可直接称呼对方的职业，例如老师、医生、会计、律师等，也可以在职业前加上姓氏、姓名。

(五) 性别性称呼

对于从事商务、服务性行业的人，一般约定俗成地按性别的不同分别称呼“小姐”、“女士”或“先生”，“小姐”是称未婚女性，“女士”是称已婚女性。

二、称呼“四不用”

称呼要合乎常规，要照顾被称呼者的个人习惯，要入乡随俗，具体做到正式场合称呼“四不用”：

无称呼不用：喂！哎！……

替代性称呼不用：下一个！那个人！6号……

不适当的地方性称呼不用：伙计！堂客！婆姨……

称兄道弟不用：哥们儿！老大……

第二节 问候礼仪

旅游服务人员无论是接待宾客还是与其他人交流，首先是从问候开始的。良好和愉悦的问候可以增进双方的好感，可以使工作有一个良好的开端。

一、问候的基本礼仪

问候是指向别人问好，表示自己的慰问。问候主要是为了表示对他人的一种礼貌，使人际关系融洽，并不是为某一件具体的事而进行的。

(一) 问候的态度

问候的态度应主动。问候他人，应该积极、主动。而当他人首先问候自己之后，应立即予以回应。

问候的态度应热情。问候他人或者接受他人问候时，通常应表现得热情而友好，切忌毫无表情或者表情冷漠。

问候的态度应自然。问候他人所表现的主动、热情，必须自然大方，扭扭捏捏、矫揉造作，都会让人生厌。

问候的态度应专注。在互致问候的过程中，应当面含笑意、注视对方。切忌左顾右盼、心不在焉。

(二) 问候的基本规矩

一人问候另一人时，应当“位低者先行”；一人问候多人时，既可以笼统地致以问候，也可以逐位问候。逐一问候的基本规矩，既可以由尊而卑、由长而幼，也可以由近而远。

（三）问候的方式

问候的方式有两种：一种是直接式问候，另一种是间接式问候。

较为正式的人际交往，特别是宾主双方初次见面，一般采用直接式的问候，如："您好！"

非正式交往中，尤其是熟识的人之间，通常采用某些约定俗成的问候语，或者采用随机引起的话题，代替直接式问候，如："忙什么呢？""来了？"

二、问候的内容

陌生人初次见面时，一句真心的问候，往往会让对方感到亲切，消除对方的陌生感。因此，问候内容的正确选择和表达能起到很大的作用。

用敬语问候，例如"请"、"谢谢"、"对不起"。

用谦语问候，日常生活中惯常用法有："太客气了"、"过奖了"、"为您效劳"、"多指教"、"没关系"、"不必"、"请原谅"、"惭愧"、"不好意思"，等等。

用雅语问候，在日常生活中惯常用的有"留步"、"奉还"、"光临"、"失陪"、"光顾"、"告辞"等，以及"高寿"、"令堂"、"令尊"等。

中国传统中约定俗成的礼貌谦辞

初次见面说幸会，看望别人说拜访，对方来信用惠书，请人帮忙说劳驾，求给方便说借光，请人指导说请教，请人指点说赐教，赞人见解说高见，归还原物叫奉还，欢迎购买叫光顾，老人年龄叫高寿，等候客人用恭候，客人来到说光临，中途先走说失陪，送客出门说慢走，与客道别说再见，麻烦别人说打扰，托人办事说拜托，求人原谅说包涵，与人分别用告辞，请人勿送用留步，请人解答用请问，接受礼品说笑纳，好久不见说久违。

短短一句问候语，看似简单，实则是打开友谊之门的钥匙，正确恰当地运用它们，你就会受到众人的欢迎。

第三节　介绍礼仪

介绍是人际交往中与他人进行沟通、增进了解、建立联系的一种最基本、最常规的方式。没有介绍的见面就像观看演出没有入场券一样。如能正确地利用介绍，在交往中就会消除误会，减少麻烦。介绍一般分为自我介绍和为他人作介绍两种。

一、自我介绍

自我介绍是跨入社交圈、结交更多朋友的第一步。在人际交往中，恰当的自我介绍可以给对方和他人留下深刻的印象。自我介绍是一门艺术，如何介绍自己，与这个人的气质、修养、思维和口才是分不开的。学会自我介绍，可以树立自信、大方的个人形象。

一般情况下，自我介绍时需介绍自己的姓名、供职单位以及与正在进行的活动是什么关系。例如“我是孙小洁，是某某旅行社业务部经理，很高兴认识您（或很高兴和大家在此见面）”。在你未被介绍或没有人为你作介绍时，应主动作自我介绍。介绍时要做到表达清晰、风趣、真实、流畅。时间控制在30秒钟以内，这30秒钟的“自我推销”包含足够的有关你自己的信息以及与接下去的谈话相关的内容。

自我介绍时应讲究态度，真实诚恳，既要落落大方、彬彬有礼，又不能唯唯诺诺、虚张声势、轻浮夸张。

二、为他人作介绍

在人际交往活动中，经常需要他人为彼此的沟通架起人际关系的桥梁。这就需要他人介绍。他人介绍，又称第三者介绍，是经第三者为彼此不相识的双方引见、介绍的一种交际方式。他人介绍通常是双向的，即对被介绍的双方各自作一番介绍。有时，也进行单向的他人介绍，即只将被介绍者中的某一方介绍给另一方。

（一）了解介绍的顺序及原则

在为他人介绍时，首先要了解双方是否有结识的意愿，应避免贸然介绍；其次，要讲究介绍的顺序及原则。为他人作介绍的时候，介绍顺序一般为：先介绍下级，后介绍上级；先介绍晚辈，后介绍长辈；先介绍男士，后介绍女士；先介绍家人，后介绍同事、朋友；先介绍主人，后介绍来宾；先介绍后来者，后介绍先到者，等等。因此，他人介绍的基本原则是“尊者优先了解情况”。

（二）介绍时的细节

介绍时，介绍人和被介绍人都应起立，以示尊重和礼貌；待介绍人介绍完毕后，被介绍双方应微笑点头示意或握手致意。

在宴会、会议桌、谈判桌上，视情况介绍人和被介绍人可不必起立，被介绍双方可点头微笑致意；如果被介绍双方相隔较远，中间又有障碍物，可举起右手致意或点头微笑致意。

介绍完毕后，被介绍双方应依照合乎礼仪的顺序握手，并且彼此问候对方。问候语有“你好”、“很高兴认识你”、“久仰大名”、“幸会幸会”，必要时还可以进一步作自我介绍。

第四节　握手礼仪

在人际交往中，互相致意是必要的。由于文化背景、风俗习惯以及沟通场合、熟识程度等的不同，人们致意的礼节是丰富多样的，如点头、鞠躬、握手、拥抱等，其中，握手是现在最为普遍的世界性“见面礼”。是人类在长期的交往中逐渐形成的礼仪方式。相传在刀耕火种的年代，人们经常持有石块或棍棒等武器。陌生人相遇时，为表示没有敌意，双方便放下手中的武器，并伸出手掌，让对方抚摸掌心，这是信任的象征。今天，握手也象征着信任和尊敬。握手通常是与他人的第一次身体接触，它给人带来一种什么感觉，以及由此引发的认识评价，与握手的礼仪有直接的关系。

一次令人愉快的握手，感觉上是坚定、有力的，代表着这个人能够做决定，能够承担风险，更重要的是能够负责任。如果一个人给你一个以诚挚、热情的握手，则表示认识你他是多么的高兴！

一、握手的方式

看起来简单的握手，却蕴涵着繁多的礼仪细节，承载着丰富的交际信息：友好、客气、欢迎、礼貌；祝贺、感激、慰问；理解、信任、支持；谅解、鼓励、保重。

握手的方式：起身站立，迎向对方，在距其一步左右伸出右手，握住对方右手手掌，稍后上下晃动两三下就松开自己的手。握手时间应为 3～5 秒钟为好，如初次见面，时间不宜过长，以不超过 3 秒钟为宜。与女士握手时间不宜过长，握住女士的手不放，是很不礼貌的。

握手时，双方应热情友好地注视对方，不要东张西望、心不在焉、上下打量，也不要嘴叼香烟或一只手插在口袋里，尤其是对待女性时。

二、握手的顺序

一般情况下，讲究“位高者居前”，即由身份较高者首先伸手。具体而言，握手时双方伸手的先后顺序大体包括以下几种情况：

女士同男士握手时，应由女士先伸手；

长辈同晚辈握手时，应由长辈先伸手；

上级同下级握手时，应由上级先伸手。

客人抵达时，应由主人先伸手，以示欢迎；客人告辞时，应由客人先伸手，以示主人可以就此留步。

一人与多人握手时，既可按照“位高者居前”的顺序，也可按照由近而远的顺序。当然，这些是一般的规矩，有时也可以根据具体情况和对象灵活掌握。比如在现代商务礼仪中，女性完全可以不受传统观念的束缚，主动地、毫不犹豫地去与别人握手，体现现代职业女性的大方和专业化。

三、握手禁忌

忌用左手与人握手；忌伸脏手、有病之手与人握手；忌戴着墨镜与人握手；忌戴着手套与人握手（特殊社交场合中女士戴薄纱手套与人握手例外）；忌与多人交叉性握手；忌与人握手过轻或过重等。

四、握手的位置

握手是要讲究位置的，一般女士握位为食指位；男士握位为整个手掌。若双方关系一般，则一握即放，若与尊者握手尽量做到屈前相握。

第五节 名片礼仪

名片在我国已有两千多年的历史，只是名称不同而已。秦汉时谓之“谒”，汉末时名为“刺”，六朝时称作“名”，唐朝时叫做“月勃”，宋朝又称“门状”，明代又名“名帖”，清朝又叫“名刺”等，现在通称名片。名片是一个人身份的象征，简单标明了个人的相关信息，在各种正式或非正式活动中发挥着非常重要的作用。

一、交换名片礼仪

名片在国际交往中被人们普遍使用，是一种最普遍、使用量最大的“仪柬”，那么学习使用名片的礼仪也尤为重要。

（一）携带名片

在外出时一定记得携带你的名片，携带时应注意以下三点：一是数量要足够，确保够用。所带的名片要分门别类，应根据不同的交往对象使用不同名片。二是完好无损。名片要保持干净整洁，切不可出现褶皱、破烂、肮脏、污损、涂改的情况。三是放置到位。一般男士可以将名片置于西装内的口袋或名片夹、公文包里，女士可将名片置于手提包内，切不可随便放在钱包、裤袋之内。

（二）交换名片

参加商务或社交等活动时，宜随身带上几张名片以备用。与初次见面的人相识后，出于礼貌或有意与之继续交往，应适时递上自己的名片。

递、接名片时，如果是单方递、接，应用双手递，双手接；若双方同时交换名片，则应右手递，左手接。接过对方的名片时，不论有多忙，都要暂时放下手中的事情，并起身站立相迎，面含微笑，向对方致谢，并从上到下、从正到反认真观看，最好将其从头至尾默读一遍，遇有显示对方荣耀的职务、头衔时，不妨轻读出声，以示尊重和敬佩。接过别人的名片后切不可随意摆弄或扔在桌子上，也不要随便塞在口袋里或丢在包里，而应将其谨慎地置于名片夹、公文包或西装内的口袋之中，也可暂时摆在桌面上显眼的位置，注意不要在名片上放任何物品。

交换时一般是地位低者、晚辈或主人先递上名片，然后再由后者予以回赠。若上级或长辈先递给名片，下级和晚辈也不必谦让，礼貌地用双手接过，道声“谢谢”，再予以回赠。

（三）索要名片

索要名片可以采取下列办法：

其一，互换法，即以名片换名片。在主动递上自己的名片后，对方按常理会回赠一张他的名片。如果担心对方不回送，可在递上名片时表明此意：“可不可以与您交换一下名片？”

其二，暗示法，即用含蓄的语言暗示对方。例如，向尊者索要名片时可以说：“请问今后如何向您请教？”向平辈或晚辈表达此意时可说：“请问今后怎样与您联系？”

面对他人的索取，不应直接加以拒绝。如确有必要这么做，则需注意分寸，最好向对方表示自己的名片刚用完，或说自己忘了带名片。但若自己手里正拿着名片或刚与他人交换过名片，显然不宜拒绝。

总之，使用名片的学问很多，我们一定要谨慎小心。

二、名片的其他妙用

名片除在面谈时使用外，还有一些其他的妙用：一是去拜访顾客时，对方不在，可将名片留下，顾客回来后看到名片，就知道你来过了；二是把注有时间、地点的名片装入信封发出，可以代表正规请柬，又比口头或电话邀请显得正式；三是向顾客赠送小礼物，如让人转交，则随带名片一张，附几句恭贺之词，无形中关系又深了一层。

第六节 通讯礼仪

当今社会电子信息化速度逐步加快，电话已经成为人们最重要的交际工具。打电话、接电话，已成为沟通常态，方便易学，被各行各业需要沟通的人们所青睐。但电话礼仪却并不是每个人都能规范使用的。有的人面对面交谈尚可，一打起电话来就十分生硬，甚至因打电话不礼貌而影响了工作；有的更是受到投诉而损害了企业形象。电话形象非常重要，它是声音形象与语言形象的结合，声音礼貌和语言文明共同构成了电话礼仪。在旅游服务行业中尤其如此，电话形象是旅游服务行业形象的外在表现，人们通过接打电话可以有效地判读出对方。

一、打电话的礼仪

（一）未打电话先准备

打电话前，最好先做好准备。公务电话还应把所要谈话的要点记录在案，这样既能节约时间，又不至于“忘词”。通话前要把自己的情绪调整好。如果正当你心情不好的时候打电话，在打电话前，一定要稳定一下情绪，不要把烦恼和不高兴传染给对方。

（二）适合的通话时间

通话的最佳时间是在双方事先约定的时间或对方方便的时间。除非有要事必须立即通告外，不要在别人休息的时间打电话。例如，每天上午7点前、晚上10点后及午休时间，还有，用餐时打电话也不合适。另外，给海外打电话，要先了解一下时差，不要不分昼夜地骚扰人家。

打公务电话，尽量要公事公办，不要在别人私人时间，特别是节假日时间打。如果能有意识地避开对方的通话高峰时间、业务繁忙时间、生理疲倦时间，打电话的效果会更好。

每次通话的具体时间都要有所控制，基本的要求是宁短勿长。

（三）通话规范

在通话的过程中，自始至终都要尊重通话对象，待人以礼，表现得文明大度。

在正式通话前，首先要说一声：“您好！”接下来要自报家门。在电话里自报家门，通话人有四种模式可以借鉴。第一种，报本人的全名；第二种，报本人所在的单位；第三种，报本人所在的单位和全名；第四种，报本人所在的单位、全名和职务。其中第一种模式主要用于私人交往中，后三种模式适用于公务交往，最后一种模式较为正规。

不论自己是什么身份，或是刚刚遇到什么烦心之事，打电话时都不应该厉声呵斥，态度粗暴无理。

如果要找的人不在，需要接听电话的人代找，或转告、留言时，态度同样要文明而有礼貌，并且还要用上“请”、“麻烦”、“劳驾”、“谢谢”之类的词。

打电话时不要在通话时把话筒夹在脖子下，不要抱着电话机随意走动，不要趴着、仰着、坐在桌角上打电话，不要高跷双腿与人通话，也不要边打电话边吃东西。

通话时的语调既可能促成、也可能破坏一笔商业交易。不管是长途电话还是短途电话，通话时都不可大喊大叫，要控制语调，亲切稳重。

打电话流程图

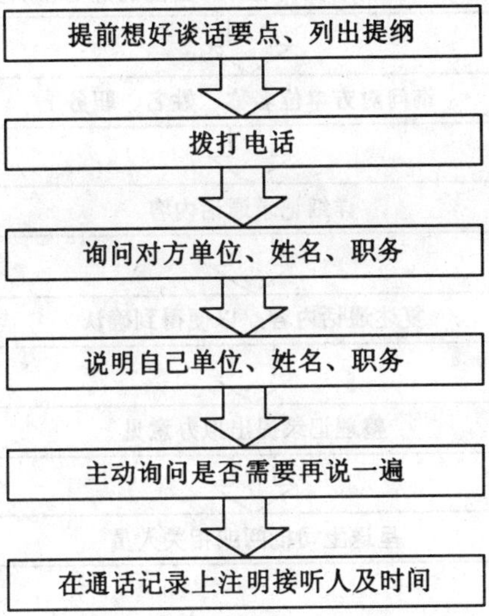
提前想好谈话要点、列出提纲
拨打电话
询问对方单位、姓名、职务
说明自己单位、姓名、职务
主动询问是否需要再说一遍
在通话记录上注明接听人及时间

二、接电话的礼仪

打电话需要注意，接电话更是马虎不得。特别是涉及业务往来，若接电话时信息被遗漏或被理解错误，将会给公司带来严重后果。

（一）及时接听电话

一般电话铃声一响，最迟在第三声时就应及时拿起电话，铃响许久才姗姗来接是不礼貌的；也不要铃声才响过一次就拿起听筒，这样又显得有些迫不及待。如因特殊原因致使铃响过久才接，要在和对方通话之前先向对方表示歉意。

（二）非常规电话的处理

拨错电话是常事。如果接到打错的电话，要简短向对方说明情况后再挂断电话，不要为此勃然大怒甚至出口伤人。

（三）规范地代接、代转电话

代接、代转电话时，首先要告诉电话拨打方要找的人不在，然后才可以问他是何人，所为何事，绝对不允许这一顺序颠倒。要注意以礼相待、尊重隐私、记忆准确、传达及时等问题。

接电话流程图

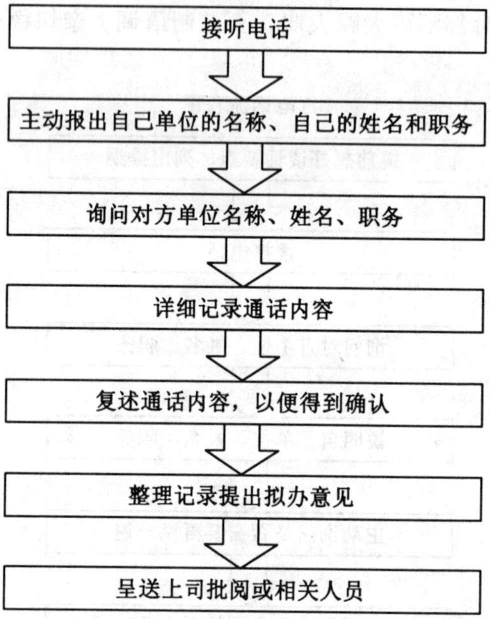
接听电话
主动报出自己单位的名称、自己的姓名和职务
询问对方单位名称、姓名、职务
详细记录通话内容
复述通话内容，以便得到确认
整理记录提出拟办意见
呈送上司批阅或相关人员

三、挂电话礼仪

当你作为打电话的人时，通话结束，应该先挂电话。

当你作为接电话人时，通话终止，不要忘记向对方说声“再见”。出于礼貌，应该让对方先挂断电话。

还有一种特殊情况，即当对方是地位高者时，无论是你接电话还是打电话，都应该让对方先挂电话。

当通话因故暂时中断后，应该由发话人或是身份低的人立即给对方拨过去，不应不了了之，或等对方打来。

四、接打电话注意事项

接打电话时，不要对客人讲俗语和不易理解的旅游服务行业的专业语言，以免客人不明白，造成误解，如接听电话（打电话），语言做到简练、清楚、明了、不要拖泥带水，浪费客人时间，引起对方反感。

接打电话时，无论对方是熟人还是陌生人，尽量少开玩笑或使用幽默语言。因双方在电话中既无表情又无手势的配合，开玩笑或幽默语言往往容易造成事与愿违的效果。

在接听电话中尽量不失礼节地设法辨明对方身份、姓名、工作单位和电话号码。如对方实在不愿透露姓名和有关资料，也不要失礼，怪罪对方。

随着手机的日益普及，手机礼仪越来越受到关注。在澳大利亚电信部门的各营业厅，采取了向顾客提供“手机礼节”宣传册的方式，宣传手机礼仪。

使用手机时不允许在有意无意之间破坏公共秩序。特别是不可以在楼梯、电梯、路口、人行道等人来人往的地方旁若无人地使用手机；不可以在要求“保持肃静”的公共场合如音乐厅、影剧院、展览馆等地使用手机时大声喧哗；不可以在聚会期间如开会、上课、会谈等时使用手机；不可以在观看体育比赛尤其是观看射击比赛、平衡木比赛等项目时使用手机。不管业务多忙，为了自己和他人的安全，在飞机上、在加油站都不要使用手机。任何公共场合，手机在没有使用时，都不要拿在手里、别在腰间或挂在胸前。

第七节 馈赠礼仪

馈赠是人际交往中的一项重要举措。成功的馈赠行为，能够恰到好处地向受赠者表达自己友好、敬重或其他某种特殊的情感，并因此让受赠者产生深刻的印象。

一、确定馈赠目的

送礼时有各种各样的原因和目的，要尽量做到恰如其分，如恭贺新禧、祝贺生日、庆贺婚典、乔迁之喜、探望病人和答谢回赠等，如果赠送的目的不明确，就很难使对方满意。切不可“物不达意”，张冠李戴、毫无目的的送礼会让人啼笑皆非。

二、选择礼品

俗话说：“送人千金，不如投其所好。”选择礼品时一定要考虑周全，有的放矢，投其所好。可以通过仔细观察或打听了解受礼者的兴趣爱好，然后有针对性地精心挑选合适的礼品。尽量让受礼者感觉到馈赠者在礼品选择上的独具匠心，让“特别的爱给特别的你”。好的礼物在于它的合适、有特色和有意义。比如送礼品给外地的朋友，可以选本地的土特产，倘若捎礼品回家乡送朋友，也应选购一些当地的土特产。虽然这些礼品不贵，但很受欢迎。赴国外参观访问，更要带些具有中国民族特色的工艺品，或者具有本单位特色的礼品赠送异国朋友。外国友人馈赠礼品时如不了解对方喜好，稳妥的办法是选择具有民族特色的工艺品，例如青花瓷、中国结、茶叶礼盒等商务礼品。凡是具有特色、富有情调的礼品，对方都会很乐意接受的。

三、受礼礼仪

善于送礼，也要懂得受礼。受礼时，含蓄的传统习惯，使得我们中国人往往不好意思当面打开所赠的礼物。如果你与欧美人交往，收到礼物时应立即表示感谢，如果打开包装，欣赏一下所受的礼物，并由衷地表示“我很喜欢”或“我正要这个”，会使对方十分高兴。在欧美人看来，朋友送你的礼物，你能够很快用上，对方会更高兴的。

四、礼物回赠

接受了别人的礼物后，一定要考虑适当的回赠，“礼尚往来”在人际交往中是非常讲究的。接受了礼品，就是接受了对方的心意，通过回赠，可以表示感谢之情。

回赠也应当选择好时机，尽量不要在刚接受对方礼物后随即还礼，这样显得很庸俗，还会让对方感到很紧张。如果是客人拜访时送礼，可以在客人临走时回赠，或是隔一段时间之后登门回拜，也可以另选其他时机，如在节日、喜庆之时赠送适当的礼物。

五、送礼禁忌

送礼是为了向对方表示友好、尊敬和感激，应当使对方收到礼品后感到愉快，从而加深感情，增进友谊。因而送礼应当考虑周到，不出差错，避免犯规。

旅游服务人员在公务交往中，忌送有价证券和过于昂贵的礼品，否则有行贿之嫌，也违背了旅游服务人员的职业道德。

忌送容易产生误解的礼物。挑选礼品的时候，特别是涉外旅游活动中，在为外地人士或外国人挑选礼品时，应当有意识地使赠品不与对方所在地的风俗习惯相矛盾，以免产生误解。如我国的大部分地区，老年人忌讳送发音为“终”的钟，恋人们反感送发音为“散”、“离”的伞和梨，还有男士不可以给女士送内衣和鞋袜之类的礼品，不可以给参加比赛的人送书，不可以给朋友送刀剪，丧事过后不能补礼等。还有些地区和民族对礼品的颜色和数量有忌讳，应当注意了解。

忌送对方有个人忌讳的礼品。由于种种原因，有些人会忌讳送某些物品，比如，对高血压患者不能送含高脂肪、高胆固醇的食品；对糖尿病患者不能送含糖量高的食品。否则会事与愿违。

忌送广告礼品。不要把带有广告标志或广告语的东西赠送给别人。广告是广告主付费的一种宣传，把让对方帮你做宣传当作是向对方送礼是很不合适的。

【案例1】

电话惹的祸

小李初到一家旅游公司工作，对旅游产品不熟，对接单过程不了解。正处于试用阶段。某天下午一点多，电话突然响起。小李正沉浸在梦乡中，突如其来的电话让她非常生气。拿起电话就对着对方吼了起来“知不知道这是休息时间呀”，对方慌慌张张地说了几句，小李还未听清楚对方的意思，就把电话给挂掉了。心想这个点儿都是公司员工休息的时间，估计没什么重要的事情，于是又倒头趴在桌子上睡下了。当天下午，总经理就把小李给辞退了，因为该公司的旅行团在旅行途中遭遇了重大伤亡事故。

分析：请指出小李被辞退的原因。

【案例2】

珍贵的礼品

江泽民主席出访俄罗斯时，曾向叶利钦总统赠送了一盘由中国制作的关于反法西斯的歌曲配画的录像带，名为《神圣的战争——苏联卫国战争歌曲回顾》。里面精选了13首苏联歌曲，均由苏联功勋艺术家演唱，画面全是苏德双方军事记者拍摄的极其珍贵的电影资料。通过歌曲和画面，讲述了苏联人民奋起反抗德国入侵的辉煌业绩，展示了主要战役，介绍了双方的政治领导人和将领。

据悉，当片子在俄罗斯驻华使馆放映时，引起了强烈的反响，许多人热泪盈眶。一些官员说：“尽管片子中反映的是我们苏联人民在卫国战争中的事情，但许多画面是第一次看到。从片子中可以感到最了解我们的是中国人民，你们能够想到制作这样的片子说明了你们对我们的深厚情谊。”

分析：江泽民主席赠送的礼品有哪些深刻的含义？

◎思考题

1. 问候他人时我们应注意什么？

2. 自我介绍或他人介绍时应注意什么礼节？
3. 握手的顺序与禁忌有哪些？
4. 规范称呼及具体细节表现在什么地方？
5. 递、接名片的正确做法是怎样的？
6. 举例说明电话形象在旅游服务工作中的重要作用。
7. 试述在使用手机时应遵守哪些礼仪。
8. 赠送礼物时我们要遵守的礼仪规范有哪些？

◎实训题

在教师的指导下，帮助同学们练习介绍、握手、递接名片、接打电话等礼仪礼节。

第八章 旅游专题活动服务礼仪

旅游活动中，一个重要的工作就是在处理日常工作的同时还要经常开展一些有计划、有针对性的专题性活动。通过公开的专项社会活动，为组织创造和谐的社会环境，使公众在组织的专项活动中了解组织信息、沟通情感以及提高组织的知名度和美誉度。专题性活动形式多样，下面主要介绍旅游商务会议、专题新闻发布会、茶话会、旅游商务谈判、电视电话会议礼仪等。各种专题活动的许多技术性问题需要我们把握。

第一节 旅游商务会议礼仪

旅游商务会议是旅游服务人员交流有关专业信息、研究讨论旅游服务接待工作中要注意的问题、制定相关旅游政策和开展各种活动的重要方式。因此，必须知晓一般商务会议在筹备、组织、主持和参加过程中的礼仪规范。

一、会议的组织

组织会议，简称“办会”，即负责从会议的筹备直至结束、善后的一系列具体事项，它贯穿于会务工作的始终。办会的好坏对会议的成功与否起着决定性的作用，必须认真对待。

（一）会议分类

依照会议的具体性质来进行分类，会议大致可以分为四种类型。

行政型会议。它是组织内部各个单位所召开的工作性、执行性的会议，例如行政会、董事会、电视电话会议等。

业务型会议。它是组织相关单位所召开的专业性、技术性会议，例如展览会、谈判会、新闻发布会等。

群体型会议。它是组织内部群众团体或群众组织所召开的非行政性、非业务性的会议，旨在争取群体权利，反映群体意愿，例如职代会、团代会等。

社交型会议。它是组织以扩大本单位的交际面为目的举行的会议，例如茶话会、联欢会等。

（二）办会要求

在许多情况下，旅游服务人员往往需要亲自办会。筹划、组织会议时须遵守以下规则：

1. 认真务实

认真务实具有双重含义：一是办会要认真。奉命办会，就要全力投入，审慎对待，精心安排，务必开好会议。二是办会要务实。召开会议，重在解决实际问题，要严格控制会议的数量与规模，彻底改善会风。

2. 隆重热烈

为了达到开会效果，提高组织的美誉度，旅游商务活动类的会议一般要求气氛隆重、热烈。这样，不仅可以唤起本单位全体员工的自信心、自豪感，还能吸引外界对本单位的重视。

3. 量力而行

会议的形式和规模应与本单位的具体情况相符合，不可脱离现状，贪大摆阔。

（三）办会基本程序

1. 会议计划

会议计划是会议效率的前提，没有计划的会议往往是没有效率的会议。会议计划要从两个层次上考虑。

第一层次：总体设想。一个会议必须有一个主题和基本框架，这是会议的核心。一般说来，主题要明确、有针对性，切忌模糊和不着边际。基本框架要紧密围绕主题，防止结构松散、大而不当。

第二层次：具体计划。主题和基本框架确定之后，要对会议过程中的各个具体环节进行规划。具体计划主要有以下几个方面的内容：

将会议确定的总目标分解为数个可行的具体目标；

明确会议的主持者和参与者；

确定会议的时间、地点；

制定会议程序；

安排会议日程。

2. 会务工作准备

会议计划制订并经审核后，进入会议准备阶段。即对计划中列出的各项内容逐一进行落实，这一阶段是会议能否成功的关键。会议准备主要包括下列内容：人员落实、食宿落实、场地落实、场外辅助设施落实、车辆落实、文件落实、参观落实、宴会落实等。

3. 会议控制

会议控制是指在会议进行过程中，按事先制订的计划推进，允许有一定的调整余地，但不能游离于主题和目标太远。主要工作有：

（1）提前半小时给所有参会人员打电话进行提醒。

（2）带齐相关的物品。如签到本、笔记本、笔、发言稿、与会人员名单、纪念品等。

（3）提前进入会场。作为会议的操办人，应赶在其他参会人员到来之前对会议的有关细节再进行一次检查，确认会议室的门已经打开，照明、音响、会标、空调以及会议用水已经准备就绪等。

（4）做好会场的组织工作。签到和发放会议材料，安排或引导参会人员就座，做好会议记录、向会议提供相应的服务。

4. 会后工作

主要有会议纪要的撰写、会议资料的整理和归档、决议的监督和检查等事项。

二、旅游商务会议礼仪

（一）会议主持人的礼仪

一次会议就像是演一出戏，而主持人就是这出戏的主角。主角的演出质量对整个会议的成功与否起着重要的作用，其礼仪表现不可轻视。会议中，主持人应注意的礼仪规范有：

衣着整洁，大方庄重，精神饱满。

上主席台时步态自然，刚劲有力，体现一种成竹在胸、自信自强的风度与气质。

入席后，如果是站立主持，应双腿并拢，腰背挺直。持稿时，右手持稿的底中部，左手五指并拢自然下垂。双手持稿时，应与胸齐高。用坐姿主持时，应身体挺直，双臂前伸，两手轻按于桌沿。主持过程中切忌出现搔头、揉眼、跷腿等不雅动作。

控制会场、调节气氛。主持人的主要任务是主持会议，而不是充当主要的发言人或报告人，因此应少说多听，调控会场，令其保持良好状态；主持人还应根据会议性质和会场情况调节会议气氛，或庄重，或幽默，或沉稳，或活泼。

主持人对会场上的熟人不能打招呼，更不能寒暄闲谈，会议开始前、会议休息时间对熟人点头、微笑致意即可。

（二）与会者礼仪

对于旅游服务人员来说，参加会议是学习同事、接触上层领导、接触社会的好机会，所以务必要注意自己的言行举止。

衣着整洁，仪表大方，准时出席。

按序落座。如果是应邀参加一个排定座次的会议，最好等服务人员将自己引导到座位上去。

认真倾听，做好记录。对每一位听众而言，在会议期间认真倾听他人的发言，是对发言者尊重的具体表现。切忌在他人发言时交头接耳、随意走动、打呵欠、接打电话等；会中尽量不要离开会场。

发言有序。会议发言包括正式发言和自由发言，前者一般是领导报告，后者一般是讨论发言。正式发言者，应注意自己的举止礼仪，走向主席台时步态应做到自然、自信、有风度。发言时应口齿清晰，逻辑分明。如果是书面发言，要时常抬头环视一下会场，不要只是埋头读稿。发言完毕，应对听者表示谢意。自由发言则较为随意，但要讲究顺序、注意秩序，切忌争抢发言。与他人有分歧，态度应平和，不要争论不休。如果有参加者提问，发言人应礼貌作答，对不能回答的问题，应巧妙地回应，不能粗暴拒绝。在开会过程中，如果有讨论，最好不要保持沉默，发言前应有准备，然后用手或目光向主持人示意或直接提出要求。发言应简明、清楚、有条理、实事求是。

鼓掌欢迎。在每个人发言结束的时候，应该鼓掌以示对他人讲话的肯定和支持。不要对他人“鼓倒掌”，也不要在鼓掌时伴以尖叫、吹口哨、跺脚、起哄，这些做法会破坏鼓掌的本来意义。

第二节 专题新闻发布会礼仪

专题新闻发布会，简称新闻发布会，有时也称记者招待会，是组织通过新闻媒介传播社会公众感兴趣的话题的专题活动。对旅游部门来说，举办专题新闻发布会，是本单位联络、协调与新闻媒体之间关系的一种重要手段。新闻发布会的常规做法是：主办单位将有关的新闻界人士邀请到一起，在特定的时间里和特定的地点内举行一次会议，宣布某一消息、说明某一活动，或解释某一事件，争取新闻界对此事重视，加深了解并进行客观而公正的报道，尽可能地扩大信息的传播范围。按照惯例，当主办单位在新闻发布会上发言完毕之后，允许与会的新闻界人士在既定的时间里围绕发布会的主题进行提问，主办单位必须安排专人回答这类提问。

新闻发布会的礼仪主要包括会议筹备、媒体邀请、现场应对、善后事宜等四个方面的内容。

一、会议筹备

筹备新闻发布会，要做的准备工作很多，其中主要的工作有：

（一）主题的选择

主题是新闻发布会的中心议题。决定召开一次新闻发布会，应该首先确定主题，这直接关系到本单位预期目标能否实现。

主题要围绕组织发生的重大事件或做出的重大决策来确定。如果是要向社会公众宣布某一项重要决定，如旅游价格调整等，此时新闻发布会的主题就应是宣布决定，这是说明性主题。如果旅游组织在生产经营中受到了社会舆论的谴责，或提供的服务发生了意外，发布会的主题就应该是对发生的事情进行解释，这是解释性主题。当旅游企业兴建了一个新的旅游项目，或开发了一条新的旅游线路，而这新产品又暂时没有被公众接受时，发布会的主题就应是公布这条消息并对它进行宣传，这叫宣传性主题。针对不同的主题，要进行有计划、有步骤的合理安排。

（二）时空选择

新闻发布会的时空选择，通常是指其时间与地点的选择，对这两个具体问题不重视，即便主题再好，新闻发布会也往往难以奏效。

在寻找发布会的场所时，应考虑的主要问题有：交通是否便利与易于寻找，酒店的风格是否和发布会的内容相统一，会议厅的容纳人数、相关服务、设施设备、价钱是否合理等。发布会的举办时间最好安排在下午，尽量不要选择上午较早的时间或晚上。开会时间以 1 小时为宜。还要注意避开重要的政治事件和社会事件，否则会影响发布会的传播效果。

（三）人员安排

新闻发布会对主持人、发言人的要求很高，主持人、发言人选择是否得当，关系到会议的成败。

会议的主持人和发言人必须反应机敏，有较高的文化修养、良好的外形和优秀的语言表达能力。主持人一般由具备较高专业技巧的公关人员担任。会议的发言人一般由组织的高级领导担任，因为他清楚企业的整体情况，具有权威性。

（四）材料准备

材料准备得是否周全，决定着会议的效果。新闻发布会应准备的主要材料有：主持人的发言稿，答记者问的备忘提纲，新闻统发稿，与发布的新闻有关的背景资料以及录音、录像、幻灯等相关设备。发布会开始前，应将提供给媒体的资料以广告手提袋或文件袋的形式整理妥当，发放给各新闻媒体。

二、媒体邀请

在新闻发布会上，主办单位的邀请对象以新闻界人士为主，媒体邀请的技巧很重要。

邀请的对象和数量：在决定邀请对象时，必须有所选择、有所侧重。例如发布旅游类的新闻，旅游报刊和电视台旅游节目的记者就是比较合适的被邀对象。发布新酒店开业的消息，就应该在当地核心媒体上进行选择。在邀请的密度上，既不能过多，也不能过少，不然的话，就难以确保新闻发布会真正取得成功。

邀请的时间：邀请的时间不要太早也不要太晚，一般以提前3～5天为宜，发布会的前一天再作适当的提醒。

邀请的方式：一般采取书面邀请函的方式，最好不要电话邀请，以示郑重。邀请函上既不能过多透露将要发布的新闻，又要适当地制造悬念，吸引记者参加。

三、现场应对

在新闻发布会正式举行的过程之中，往往会出现这样或那样的确定和不确定的问题，有时，还会有难以预料的情况或变故出现。在发布会现场，除主办单位的全体人员齐心协力、密切合作之外，代表主办单位出面应付来宾的主持人、发言人，更要善于沉着应变、把握全局。无论是发言人还是主持人，在新闻发布会上都是为了共同的目的而行事，二者既有分工，更应彼此支持，相互配合，保持口径一致，不允许相互拆台，公开争论。当新闻界人士提出的问题过于尖锐或敏感时，主持人要想方设法转移话题，不使发言人难堪。在对待记者提问时，应平心静气地听取和回答问题，切忌口气生硬、随意打断记者提问。

四、善后事宜

新闻发布会举行完毕之后，主办单位需在一定的时间之内，对其进行一次认真的评估和善后工作，为下一次的会议积累经验和教训。善后的主要工作有：

首先，整理新闻发布会的记录材料，对会议的组织、布置、主持、回答问题等方面的工作做总结，从中吸取经验和不足，然后将总结材料归档备查。

其次，搜集到会记者在报纸、电台上的报道，检查是否达到了会议预期目标，若出现不利于组织的报道，应做出良好的应对之策，积极与相关媒体沟通，减少不利宣传。此外，对发稿的记者要电话或当面感谢，与媒体单位建立友好合作关系。

第三节　茶话会礼仪

茶话会是在古代的茶宴、茶会的基础上演变而来的，是近代世界上一种时髦的集会。在商界主要是指意在联络老朋友、结交新朋友的具有对外联络和进行招待性质的社交性集会。因其以参加者不拘形式的自由发言为主，并且因备有茶点，故称为茶话会。茶话会主要是以茶待客、以茶会友，它的重点不在“茶”，而在“话”，即借此机会与社会各界沟通信息、交流观点，听取批评、增进联络，为本单位实现“内求团结、外求发展”这一公关目标，创造良好的外部环境。从这个意义上来讲，茶话会在所有的会议中占有一席之地。

茶话会礼仪，指各旅游组织召开茶话会时所应遵守的礼仪规范。其具体内容主要涉及会议的主题、来宾的邀请、时空的选择、座次的安排、茶点的准备、会议的议程、现场的发言等几个方面。以下，分别对其作具体的介绍。

一、会议的主题

茶话会的主题，特指茶话会的中心议题。茶话会主题通常分为如下三类：

（一）以联谊为主题

以联谊为主题的茶话会，是平日所见最多的茶话会。它的主题，是为了增进主办单位和与会的社会各界人士的友谊。在这类茶话会上，宾主通过叙旧与答谢，往往可以增进相互之间的进一步了解，密切彼此之间的关系。除此之外，它还为与会的社会各界人士提供了一个扩大社交圈的良好契机。

（二）以娱乐为主题

以娱乐为主题的茶话会，主要是指在茶话会上安排了一些文娱节目或文娱活动，并且以此作为茶话会的主要内容。以娱乐为主题的茶话会所安排的文娱节目或文娱活动，往往不需要事前进行专门的安排与排练，而是以现场的自由参加与即兴表演为主。它不必刻意追求表演水平的一鸣惊人，而是强调重在参与、尽兴而已。

（三）以专题为主题

以专题为主题的茶话会，是指在某一特定的时刻，或为了某些专门的问题而召开的茶话会。目的在于收集建议，听取专业人士的意见，或者是同某些与本单位存在特定关系的人士进行对话。召开此类茶话会时，须倡导与会者畅所欲言，并且不拘情面。

目前很多星级酒店，每年在岁末都要举行茶话会，邀请的对象有重要客户、社会名流、媒体记者等，一方面感谢他们的支持，另一方面请他们为本组织提建议，效果非常好，既交流了信息，又加强了感情，可谓一箭双雕。

二、来宾的邀请

茶话会的与会者，除主办单位的会务人员之外，即为来宾。主办单位在筹办茶话会时，必须围绕主题来邀请来宾，尤其要确定好主要的与会者。在一般情况下，茶话会的主要与会者，大体上可分为下列五种：

（一）本单位人士

以本单位人士为主要与会者的茶话会，也叫内部茶话会，主要邀请本单位的各方面代表参加，亦可邀请本单位的全体员工或某一部门、某一阶层的人士参加，意在沟通信息、通报情况、听取建议、嘉勉先进、总结工作。

（二）本单位顾问

以本单位的顾问为主要与会者的茶话会，意在表达对有助于本单位的各位专家、学者、教授的敬意。邀请他们与会，既表示了对他们的尊敬与重视，也可以进一步地直接向其咨询，并听取其建议。

（三）社会贤达

所谓社会贤达，是指在社会上具有一定的影响力、号召力和社会威望的知名人士以及政府官员。以社会上的贤达为主要与会者的茶话会，可使本单位与社会贤达直接进行交流，加深对方对本单位的了解与好感，并且倾听社会各界对本单位的直言不讳的意见或反映。

（四）合作伙伴

以合作中的伙伴为主要与会者的茶话会，重在向与会者表达谢意，加深彼此之间的理解与信任。这种茶话会，有时亦称联谊会。

（五）其他人士

有些茶话会，往往会邀请各行各业、各个方面的人士参加。这种茶话会，通常叫做综合茶话会。它主要是为与会者创造一个扩大个人交际面的社交机会。

茶话会的与会者名单一经确定，应立即以请柬的形式向对方提出正式邀请。按惯例，茶话会的请柬应在茶话会开始半个月之前被送达或寄达被邀请者手中。

三、时空的选择

（一）茶话会的时间

举行茶话会的时间有三个方面的内容：举行的时机、举行的时间、时间的长度。

在举行茶话会的时间问题上，举行的时机问题是头等重要的。唯有时机选择得当，茶话会才会产生应有的效应。通常认为，辞旧迎新之时、周年庆典之际、重大决策前后、遭遇危险挫折之时等，都是召开茶话会的良机。

举行的时间是指茶话会应于何时举行，按国际惯例，举行茶话会的最佳时间是下午四点钟左右。在具体进行操作时，不必墨守成规，应以与会者尤其是主要与会者的方便与否以及当地人的生活习惯为准。

茶话会的时间长度没有严格的限制，可随机应变，灵活掌握。关键是要看现场有多少人发言，发言是否踊跃。一次成功的茶话会，大都讲究适可而止，一般在一个小时至两个小时之间。

（二）茶话会的空间

茶话会的空间是指兴办茶话会地点、场所的选择。按照惯例，适宜举行茶话会的场地主要有：主办单位的会议厅、宾馆的多功能厅、主办单位负责人的私家客厅、主办单位负责人的私家庭院或露天花园、高档的营业性茶楼或茶室。餐厅、歌厅、酒吧等处，均不宜用来举办茶话会。

四、座次的安排

同其他正式的工作会、报告会、纪念会、庆祝会、表彰会、代表会相比，茶话会的座次安排具有自身的鲜明特点：为了使与会者畅所欲言，并且便于大家进行交际，茶话会上的座次安排尊卑不太明显，甚至有的不排座次，允许自由活动，不摆设与会者的名签。根据约定俗成的惯例，在安排茶话会与会者的具体座次时，主要采取以下四种办法：

（一）环绕式

不设立主席台，而将座椅、沙发、茶几摆放在会场的四周，不明确座次的具体尊卑，而听任与会者在人场之后自由就座。这一安排座次的方式，与茶话会的主题最相符，在当前流行面最广。

（二）散座式

散座式排位，多见于在室外举办的茶话会。它的座椅、沙发、茶几的摆放，散乱无序，四处自由地组合，甚至可由与会者根据个人要求而自行调节，随意安置。其目的，就是要创造出一种宽松、舒适、惬意的社交环境。

（三）圆桌式

圆桌式排位，指的是在会场上摆放圆桌，而请与会者在其周围自由就座的一种安排座次的方式。在茶话会上，圆桌式排位通常又分为下列两种具体的方式：一是仅在会场中央安放一张大型的椭圆形会议桌，而请全体与会者在其周围就座；二是在会场上安放数张圆桌，而请与会者自由组合，各自在其周围就座。当与会者人数较少时，可采用前者，而当与会者人数较多时，则应采用后者。

（四）主席式

主席式排位不是指要在会场上摆放主席台，而是指在会场上，主持人、主人与主宾应被有意识地安排在一起就座，并且要居于上座，如中央、前排、会标之下或面对正门之处。

常见几种会议或茶话会布置类型图

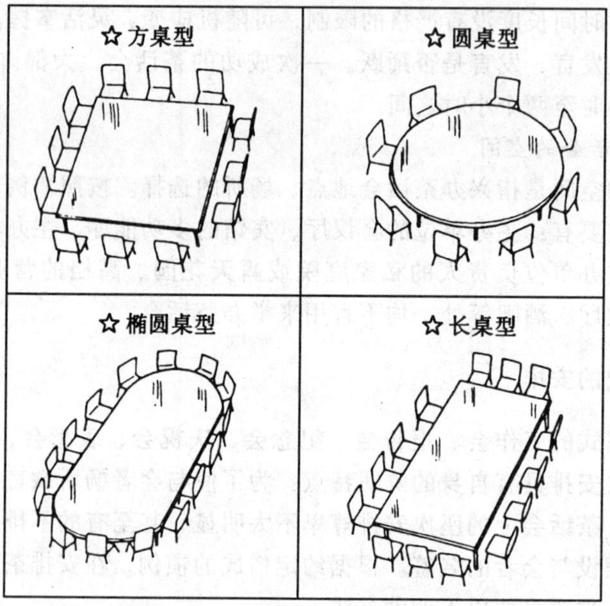

五、茶点的准备

在茶话会上，为与会者提供的茶点应当被定位为配角。虽说如此，在具体进行准备时，亦需注意如下几点：

（一）茶叶与茶具的准备

选择茶叶时，应尽量挑选上等品，切勿滥竽充数；同时，要注意照顾与会者的不同口味。对中国人来说，绿茶老少咸宜。而对欧美人而言，红茶则更受欢迎。在选择茶具时，最好选用陶瓷器皿，并且讲究茶杯、茶碗、茶壶成套，千万不要采用玻璃杯、塑料杯、搪瓷杯、不锈钢杯或纸杯，也不要用热水瓶来代替茶壶。所有的茶具一定要清洗干净，并且完整无损，没有污垢。

（二）茶点的准备

除供应茶水之外，在茶话会上还可以为与会者略备一些点心、水果或地方风味小吃。在茶话会上向与会者供应的食物，品种要对路，数量要充足，并且要便于取食。最好同时将擦手巾一并上桌。按惯例在茶话会举行之后，主办单位通常不再为与会者备餐。

六、现场发言的注意事项

与会者的发言是茶话会的重心所在。假如在一次茶话会上没有人踊跃发言，或者与会者的发言严重脱题，都会导致茶话会的最终失败。根据会务礼仪的规范，茶话会的现场发言要想真正得到成功，重点在于主持人的引导得法和与会者的发言得体。

（一）引导得法

在茶话会上，主持人不仅要主持会议，还要有力地控制会议进程：在众人争相发言时，应由主持人决定孰先孰后；当无人发言时，应由主持人引出新的话题，就教于与会者，或者由其恳请某位人士发言；当与会者之间发生争执时，应由主持人出面劝阻；在每位与会者发言之前，可由主持人对其略作介绍；在其发言的前后，应由主持人带头鼓掌致意；万一有人发言严重跑题或言辞不当，还应由主持人出面转换话题。

（二）发言得体

与会者在茶话会上发言时，表现必须得体：在要求发言时，可举手示意，但同时也要注意谦让，打断他人的发言插嘴，是失当的行为。在进行发言的过程中，不论所谈何事，都要使自己语速适中，口齿清晰，神态自然，用语文明。如肯定成绩时，一定要实事求是，力戒阿谀奉承；提出批评时，态度要友善，切勿夸大事实，讽刺挖苦；与其他发言者意见不合时，要注意“兼听则明”，并且一定要保持风度。

第四节　旅游商务谈判礼仪

谈判，是人类社会生活中不可缺少的活动，是人们为了改变相互关系而交换意见，为取得一致而相互磋商的一种行为。它伴随着人类社会的发展和文明的进步而日益受到人们的认识和重视。旅游商务谈判，是指在旅游商务交往中，存在着某种关系的有关各方，为了保持接触、建立联系、进行合作、达成交易、拟定协议、签署合同、要求索赔，或是为了处理争端、消除分歧而坐在一起进行面对面的讨论和协商，以求达成某种程度上的共识的活动。

谈判既是一门科学，也是一门艺术，因此正确认识现代谈判活动的一般规律，洞察成功谈判的技巧和奥秘，把握好谈判谋略和礼仪的关系是现代旅游商务人员应具备的基本技能之一。下面我们将从礼仪的角度，按照谈判的基本程序，来具体讨论一下谈判的方略问题。

一、商务谈判准备

谈判是一场心理决斗，也是一场知识、信息、修养、口才、风度的较量。因此谈判前的准备工作是非常必要的。谈判的准备包括谈判的技术性准备和谈判的礼仪性准备两个方面。

（一）商务谈判的技术性准备

在技术上为商务谈判进行准备时，谈判者应当争取做好以下几方面的工作：

确立意向及目标。就是选择合适的谈判对手，同时确定我方希望达到的目标。建立一个较为理想的谈判意向，确立切实可行的谈判目标是取得谈判成功的良好开端。

收集情报，做到知己知彼。孙子曰："知己知彼，百战不殆。"他的这句至理名言，对谈判者准备谈判也有一定的教益。对谈判对手的了解，应集中在以下几方面：在谈判对手中，谁是真正的决策者和负责人；谈判对手的个人资讯、谈判风格和谈判经历；谈判对手在政治以及人际关系方面的背景状况；谈判对手的谈判方案，等等。

设计谈判方案。商务谈判方案是在前面工作的基础上根据谈判目的而制订的工作计划。方案的设计要博采众长，要有创新精神和预见性。

人员的组织和培训。要使商务谈判达到预期目标，提高成功率，选择谈判班子尤为重要。谈判人员不仅应具备必要的专业知识、丰富的经验，还应具备高尚的道德、坚强的意志和一定的公关技巧。谈判人员一经选出，都要进行一些必要的培训。

（二）商务谈判的礼仪性准备

谈判虽是高度理性化的行为，但理性往往受到感性的导向和驱使。谈判礼仪是谈判过程中不可忽视的一个重要因素，正式的商务谈判，都是很注重礼仪的。谈判的礼仪性准备主要应注意以下三方面的问题。

预备好谈判的场所。根据商务谈判举行的地点不同，可以将它分为客座谈判、主座谈判、客主座轮流谈判以及第三地点谈判。客座谈判，即在谈判对手所在地进行的谈判。主座谈判，即在我方所在地进行的谈判。客主座轮流谈判，即在谈判双方所在地轮流进行的谈判。第三地点谈判，即在不属于谈判双方任何一方的地点所进行的谈判。以上四种谈判地点的确定，应通过各方协商而定。如果由我方担任东道主出面安排谈判时，要在谈判场所的选择、谈判大厅环境的布置、相关物品的预备及迎送、款待等各方面恰如其分地打好礼仪这张王牌，以此赢得谈判对手的信赖、理解和支持。

谈判座次的安排。谈判时的座位次序是比较敏感的问题，对它应予以重视。谈判中的座位次序有两层含义，一是谈判双方的座次位置，二是谈判一方内部的座次位置。谈判座次的安排要符合礼仪规范，以示对谈判对手的尊重。

举行双边谈判时，一般使用长桌或椭圆形桌子，宾主分坐于桌子两侧。若谈判桌横放，则面对正门的一方为上座，应属于客方；背对正门的一方为下座，应属于主方。若谈判桌竖放，则应以进门的方向为准，右侧为上座，属于客方，左侧为下座，属于主方。举行多边谈判时，按照国际惯例，一般以圆桌为谈判桌来举行圆桌会议，不分首席，这样一来，尊卑的界限就淡化了。

商务谈判一方内部的座次安排，一般是主谈者或拍板者坐在中间位置，其余人员则应遵循右高左低的原则，依照职位的高低自近而远地在主谈者的两侧就座。如果需要译员，则应安排其就座于仅次于主谈人员的位置，即主谈人员之右。

谈判席座次安排

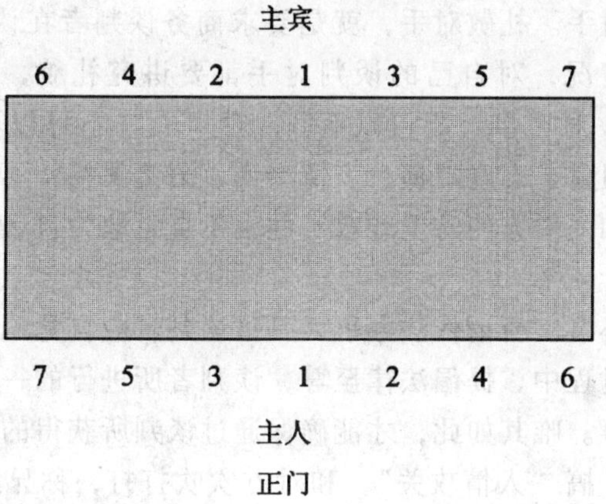

商务谈判人员的仪表要求。谈判是一项严肃的活动，仪表上一定要注意，以此来显示对谈判的郑重其事以及对谈判对手的尊重。在仪表方面，最值得出席谈判的商界人士重视的是服装。在这种场合，应着传统、简约、高雅、规范的礼仪服装。谈判时的举止也很重要，举止是一个人的素质与修养的外化反映，谈判者的坐姿、站姿、行姿及其他姿态，呈现于谈判全过程，影响谈判的结果。

二、谈判之初

谈判双方接触的第一印象非常重要，此阶段言谈举止要特别注意，要尽可能创造出友好、轻松的谈判气氛：作自我介绍时要自然大方，不可有傲慢之意；注视对方时，目光应停留于对方双眼至前额的三角区域正方，这样使对方感到被关注，觉得你诚恳严肃；手势自然，不宜乱打手势，以免造成轻浮之感；切忌双臂在胸前交叉，那样显得十分傲慢无礼；谈判之初的重要任务是摸清对方的底细，因此要认真聆听对方谈话，细心观察对方举止表情，并适当给予回应，这样既可以了解对方意图，又可表现出尊重与礼貌。

三、谈判之中

商务谈判的进行阶段是整个谈判过程的中心环节，应引起高度重视。在这个阶段，应遵循以下几个基本原则：

第一，客观性原则。商务谈判的客观性原则是指谈判者要尊重客观事实，服从客观真理，而不能仅凭自己的意志、感情主观从事。坚持谈判的客观性原则必须做到以下几点：根据自己的需要、实力、条件搜集客观真实的资料；站在公正的立场上客观地分析资料，如实地揭示客观事物的真相；谈判时不屈从压力，只服从事实和真相。

第二，礼敬对手。礼敬对手，就是要求商务谈判者在谈判的整个过程中，不管发生了什么情况，对自己的谈判对手都要讲究礼貌，对“事”要严肃，对“人”要友好，对“事”不可以不争，对“人”不可以不敬。而那些在谈判过程中，举止粗鲁、态度刁横、表情冷漠、语言失礼，不知道尊重和体谅对手的人，会大大加强对方的防卫或攻击性，不自觉地为自己增添了谈判的阻力和障碍。

第三，依法办事。所谓依法办事，是指谈判者应自觉地树立法制思想，在商务谈判的全部过程中，提倡法律至尊，谈判者所进行的一切活动，都必须依照国家的法律办事。唯其如此，才能确保通过谈判所获得的利益。那些在谈判中附加人情世故，搞“人情攻关”，和对方吹吹打打，称兄道弟，向对方施以小恩小惠的做法是都是画蛇添足、无济于事的。

第四，平等协商。商务谈判中的平等协商，有两层含义。一方面，是要求谈判双方在地位上平等一致，不允许仗势压人，以大欺小。另一方面，是要求谈判各方在谈判中通过讲道理，通过协商，而不是通过强制、欺骗，来达成一致。

第五，互利互惠。最理想的商务谈判结局，不应当是“你死我活”、“鱼死网破”，而应当是有关各方的利益和要求都得到了一定程度上的照顾，亦即达成了大家都能够接受的妥协。在商务谈判中，为对手留下余地，不“赶尽杀绝”，不但有助于保持与对手的正常关系，而且会使商界同仁对自己刮目相看。因此，互利互惠这种商界的公德，旅游商务人员在谈判中务必遵守。

第六，人事分开。是指在商务谈判之中，谈判者在处理己方与对手之间的相互关系时，应当人与事分开，朋友归朋友，谈判归谈判，对于二者之间的界限不应混淆。

四、谈后签约

在签约仪式上，双方参加谈判的全体人员都要出席，共同进入会场，相互致意握手，一起入座。双方都应设有助签人员，分立在各自一方签约代表外侧，其余人员排列站立在各自一方代表身后。

助签人员要协助签字人员打开文本，用手指明签字位置。双方代表各在己方的文本上签字，然后由助签人员互相交换，双方代表再在对方文本上签字。

签字完毕后，双方应同时起立，交换文本，并相互握手，祝贺合作成功。

第五节 电视电话会礼仪

现代化远程会议是运用现代通信技术和计算机技术召集相距遥远的不同地点的单位和人员举行的会议。其技术含量高，具超越传统会议的时间和空间观，实现了会议的无纸化，起到了节省时间资源，提高工作效率，降低会议成本的作用。远程电话会议和远程电视电话会议是其经常采用的两种形式，它的使用已发展到多种应用环境：政府会议、商务谈判、紧急救援、作战指挥、银行贷款、远程教育、远程医疗等，取得了巨大社会效益和经济效益。

一、远程电话会议

远程电话会议的服务工作程序和要点如下：

第一，发出会议通知。在确定远程电话会议的时间后，工作人员应及时向各参加单位发出通知。

第二，分发会议材料。电话会议是一种以语言为主要手段的会议形式，其优点是方便灵活，随时可以举行，缺点是无法实现文字的同步传输。如果在电话会议中要对某些文件进行讨论，可事先将文件通过传真发送给与会各方。文件上应标明讨论的顺序编号和标题。会议进行中还可补充传递有关文件。

第三，安排会场。远程电话会议的会场分为主会场和分会场。召集方设主会场，其他参加会议的单位设分会场。会场的大小应根据每个会场的出席人数来确定。各分会场出席人员较多时，应当由召集方指定各分会场的协调人或召集人。为了使分会场的每个与会者都能清楚地听到从其他会场传送来的话音，并能方便地表达自己的意见，各会场应装有扩音设备和话筒，并与电话机连接良好，人数较少的会场可直接使用带有免提扬声器的电话机。

第四，接通电话。所有参加会议的人员应当至少提前 5 分钟进入会场，做好充分的与会准备。会议时间一到，由召集方以主叫的方式，接通与会各方并相互通报出席情况。

第五，做好会议记录。用录音电话系统记录会议内容，会后将其整理成书面记录。电话会议的录音记录、各书面记录及整理稿最后都应归档保存。

二、远程电视电话会议

远程电视电话会议是运用全像电视电话系统召集的远程会议。其具体做法是由摄像机拍下各会场的镜头，连同声音一起通过通信线路传送到其他各分会场。实时传送与会者的形象、声音以及会议资料、图表和相关实物的图像是电视电话会议的最主要特征。由于实现了图像和声音的同时传送，既可以直接观察到各会场的实况，又可以通过电视画面传送文件，其效果大大优于单纯的电话会议。远程电视电话会议按地点分为两种形式：两地间的电视电话会议，称为点对点电视电话会议；多个地点间的电视电话会议，称为多点电视电话会议。举行远程电视电话会议的程序和方法类似于电话会议，应注意的主要有以下两点：

（一）会场安排

电视电话会议一般都要设分会场，每个分会场都要配备全套电视电话双向传输设备，既能将主会场的画面和声音传给各分会场，又能把各分会场的信息反馈给主会场。会场的环境应当安静、整洁，主会场和分会场都要悬挂会标，突出会议的主题，同时便于电视宣传报道。会场内可配备高速传真机，以便同时传送文件。场内会议设备要落实专业技术人员调试、检测，会议期间要有值班维修制度及时解决技术上的故障，确保会议顺利进行。

（二）现代化远程会议的保密

现代化远程会议有一个共同的缺点，由于通过有线或无线（如卫星通信）网络传送信号，很容易泄密，因此现代化远程会议的保密问题必须引起高度重视。为了确保现代化远程会议中国家秘密或商业秘密的安全，应当做到以下几点：

移动电话、普通固定电话、民用电视传输系统不得用于召开秘密会议。保密电话会议必须使用专门的保密电话。

涉及秘密内容的电视电话会议和计算机网络会议要采取严格的加密措施。

涉及绝密等级的秘密事项，不得采用电视电话会议和计算机网络会议的形式。

【案例1】

谈判的奥秘

某酒店要从美国A公司引进食品制作设备及工艺，在引进的过程中双方进行了一系列的谈判。由于在谈判刚开始时，美国公司依靠其技术优势，在谈判桌上表现出明显的傲慢态度，并一再坚持要按过去卖给某酒店的价格来定价，坚决不让步，谈判进入僵局。该酒店为了占据主动地位，开始与美国B公司频繁接触，洽谈相同的项目，并有意将此情报传播，同时，通过有关人员向A公司传递价格信息。A公司信以为真，不愿失去这笔交易，很快接受该酒店提出的价格，这个价格比过去其他厂商引进的价格低27%。

分析：本案中，该酒店采用了什么策略？该策略给酒店带来了什么好处？

【案例2】

小刘为何另谋高就

小刘所在的旅行社应邀参加一个旅游研讨会，该研讨会邀请了很多旅游界知名人士以及新闻界人士参加。老总安排小刘和他一同参加，同时也想让小刘见识见识大场面。

小刘早上睡过了头，等他赶到，会议已经进行了20分钟。他急急忙忙推开会议室的门，“吱”的一声脆响，他一下子成了会场上的焦点。刚坐下不到5分钟，肃静的会场上又响起了摇篮曲，是谁在播放音乐？原来是小刘的手机响了！这下，小刘可成了全会场的明星——没过多久，听说小刘已经另谋高就了。

分析：在这次研讨会上，小刘有哪些不妥之处？本案例对你有何启示？

◎思考题

1. 旅游商务会议可分为哪几种类型？在旅游商务活动中，它们发挥着哪些重要作用？
2. 参加会议时，应遵守哪些礼仪规范？
3. 什么叫新闻发布会？筹办新闻发布会时要做哪些准备工作？
4. 茶话会有什么特点？按会议主题，茶话会可分为哪几种类型？
5. 如何做好旅游商务谈判的礼仪性准备工作？
6. 电视电话会议有哪些优点？如何做到现代化远程会议的保密？

◎实训题

在教师的指导下模拟组织、主持某个专题的旅游商务会议。

第九章　旅游宴请服务礼仪

宴请是国际国内社会交往中重要的接待方式，是为了表达欢迎、庆贺、答谢及饯行等内容而举行的一种餐饮活动。旅游服务人员只有熟知宴请服务礼仪，才能为旅游企业广结良缘，获得良好的经济效益和社会效应。

第一节　宴请活动的组织礼仪

宴请仪式正式、规范，从落座的位置、上菜的顺序、菜肴的配置、酒水的搭配到不同餐具的使用等都有严格的规定。宴请活动的参加者往往由宴请者（东道主）和赴宴者（受邀者）组成。中国“饮食文化”历史悠久，如果不熟悉宴请礼仪，举止粗俗，不但有损个人形象，而且达不到交往目的。所以，宴请的组织者要对宴请服务礼仪有比较充分的了解，这样才能较好地组织与策划一场宴会。

一、宴请形式

从规格上，可把宴会分为国宴、正式宴会、便宴、家宴等；从餐别上，可把宴会分为中餐宴会、西餐宴会、中西合餐宴会等；从时间上，可把宴会分为早宴、午宴、晚宴等；从礼仪上，可把宴会分为欢迎宴会、答谢宴会、饯行宴会等。这里重点介绍国宴、正式宴会、便宴、家宴以及招待宴会。

（一）国宴

国宴是国家元首、政府首脑为欢迎外国元首、政府首脑或举办大型庆典活动等而举办的宴会。国宴规格高于其他宴请形式，带有浓厚的政治色彩和民族色彩，仪式庄重，讲究严格的礼宾规格，程序上遵守固定的礼宾次序，如宴会厅内悬挂国旗、乐队伴奏、演奏国歌等。国宴一般专设主持人，宴会的主人致祝酒词或欢迎词，主要客人致答谢词等。

（二）正式宴会

正式宴会指各类社会组织为欢迎来访的宾客，召开各种专题性活动以答谢合作者和支持者，或是来访宾客为答谢主人而举行的宴会。正式宴会规格次于国宴。

（三）便宴

便宴常用于非正式宴请，通常是组织者为招待小批客人、合作者等举行的宴会。便宴的规模较小，规格要求不高，不拘于严格的礼仪，便宴追求一种亲切、随意的进餐环境和效果。便宴讲礼而不拘礼。

（四）家宴

家宴是家庭为招待客人而举行的宴请活动。家人共同招待客人，显得亲切、自然，让客人有“宾至如归”的感觉，家宴旨在深化感情、发展友谊。

（五）招待宴会

招待宴会是指各种不备正餐，只备食品、酒水的一种方便灵活的宴请活动。招待宴会的形式主要有鸡尾酒会、冷餐招待会（自助餐）/工作餐等。

二、如何安排宴请

宴请是一种礼仪性的社交活动，为了能使这种交际活动获得圆满成功，组织者在宴请前必须做好充分的准备工作。

（一）确定宴请的目的、名义、对象、范围和形式

宴请的目的通常各不相同，既可以是为某一件事而举行，也可以是为某个客人而举行。

根据宴请的目的，确定宴请的规格、范围、对象和以谁的名义邀请。一般来说，被邀请者的身份、地位越高，宴请的规格也应越高。确定邀请的范围和对象时，要根据宴请的性质、主宾身份、国际惯例、双方关系以及当前的政治气候、经济形势等方面加以考虑。确定以谁的名义邀请时，要注意主宾双方的身份应当对等。

选择宴请的形式。宴请的形式和种类有很多，如正式宴会、鸡尾酒会、自助餐会等，不同的宴请形式有不同的礼仪要求，组织者要据此做出相应的安排。

（二）宴请的时间、地点

宴请的时间应安排在主宾双方都较为合适的时候。注意在时间的确定上，要避免对方的重大节假日、已有重要活动的时间或禁忌日，如在西方，13号、星期五均不适合安排宴请。

宴请的地点要根据邀请的对象、活动性质、规模大小及形式等因素来确定，如官方宴会正式、隆重，一般安排在政府议会大厦或客人下榻的酒店里。

（三）邀请客人

邀请的形式。邀请有两种形式，即口头邀请和书面邀请。口头邀请就是当面或者通过电话把宴请的目的、名义以及邀请的范围、时间、地点等告诉对方以待答复。书面邀请即给对方发送请柬，将宴请的内容告诉对方。这样做，既

出于礼貌，又是对客人的提醒。

邀请的时间。邀请的时间一般以提前3～7天为宜。

三、宴会的座次安排

正式宴会开始前的一项准备工作，就是安排座位。每个席位上放置好席位卡，餐桌上要放桌次卡。这样既方便宾主入座、服务员上菜，也有利于宴会的统一管理。宾客入场时，宴会厅门口的领台员要热情上前引导入席。

（一）中餐的席位排列

中餐一般使用圆桌，其席位排列，分桌次排列和席次排列。

1. 桌次排列

如果举行宴会时，所安排的桌次不止一桌，可以按照有关的礼宾秩序规则排列。主要的规则有以下三种：

以右为上，即以面对门的右侧为主桌；

以远为上，即以离门远的为主桌；

居中为上，即以居于中央者为上。

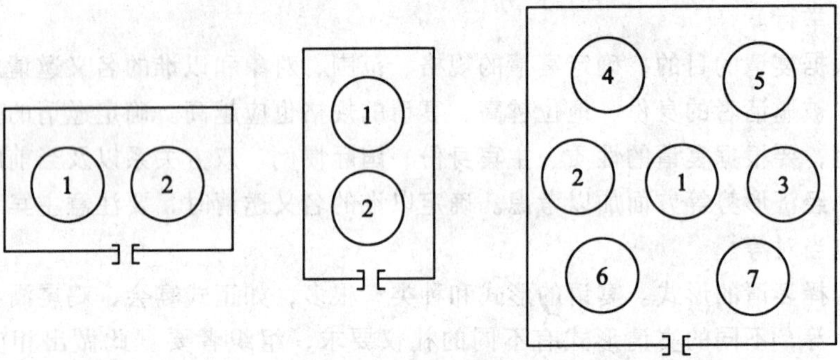

2. 席次排列

席次排列也有以下三项规定：

(1) 面门为上，即指在每张餐桌上，以面朝宴会厅正门口的中央座位为主位，通常主人在此就座。

(2) 右高左低，即当主宾同时并排就座时，通常以右为上座，以左为下座。这是因为中餐上菜时多以顺时针方向为上菜方向，居右而坐者因而要比居左而坐者优先受到照顾。

(3) 主位同向或面向，即指两桌以上的宴会，其他各桌的第一主人位置，可以与主桌主人的位置相同方向，也可以是面向主桌的位置为主位。

（二）西餐的席位排列

西餐桌主要以长桌为主，按西方的传统习惯，正规的宴请是，男主人（第一主人）坐主位，遵照以右为尊的原则，其右手位是第一贵宾的夫人，左手位是第二贵宾的夫人。女主人（第二主人）坐在男主人的对面，其右手位是第一贵宾，左手位是第二贵宾。

四、菜单拟定与酒水搭配

菜单的拟定要根据宴请的规格来安排，拟定菜单时要考虑以下四个方面的因素：

菜肴的选定与酒水的搭配，主要以主宾的口味习惯为依据，而不是以主人的好恶为标准，要尊重对方的民族饮食习惯和宗教信仰。

要注意菜肴的营养构成，荤素搭配要合理。时令菜、特色菜、传统菜应合理选择，另外要注意菜品与酒水、饮料的搭配，应力求照顾到多数客人的需求。

菜肴以精致、干净、卫生、可口取胜。菜肴的分量要适中，宴请重在氛围的调节。

要注意量力而行。“力”主要指经费的合理开支，以及厨师的烹饪技艺是否达到了菜肴的制作水准。

由此可见，菜单的拟定是很有讲究的，这不仅需要从规格、标准上考虑，而且要适合客人的习惯和爱好。原则上，不同级别的宴会菜单，是由不同级别的主管部门负责人亲自审定。菜单一经确定，即可印制，印制要精美大方。宴会菜单宜每桌上放2～4份；规格较高的宴请可每人1份，供客人留作纪念。

五、宴会气氛的调节与控制

一席宴会的成功与否，重要的并不仅仅取决于宴会提供给与宴者的菜肴的质量，关键在于宴会的气氛是否热烈；客人的情绪是否高昂；主客双方是否在一种亲切、友好的气氛中使友谊得到升华，使情感得以沟通，使关系进一步融洽，使合作的意愿变得更加强烈……所以，宴会的组织者应当了解与掌握如何调节宴会的气氛、控制宴会的节奏。

宴会气氛的调节，主要指在宴会进行过程中，通过采用一些必要的辅助手段来烘托和调节气氛，从而使宴会达到高潮。宴会气氛的调节可运用以下手段：

（一）色彩的运用

宴会厅的布置，在色彩选择上应尽量选用暖色系列，如橙色、红色、黄色等。置身于暖色系列的进餐环境中，易使与宴者的情绪饱满、高涨，有交流与沟通的欲望，同时暖色调还可以增进人的食欲。冷色系列的颜色则达不到这样的效果。另外，宴会厅的布置还要与宴会的主题相协调，如在国宴中，宴会的布置要庄重、庄严，要避免过多的不必要的装饰；而在一些喜庆的宴会中，如婚宴、生日宴会等的布置则要突出热烈、喜庆、吉祥的气氛，可以多用一些鲜花、气球等物品来进行装饰。

（二）灯光的调节

在宴会厅里，通过运用灯光的调节来制造和烘托宴会的气氛，往往会收到意想不到的效果。灯光调节主要是指通过灯光明暗度的变化，或无色光源与有色光源的变幻来调动和调节进餐者的情绪，以烘托宴会的气氛。灯光的选择没有特殊的规定，有的宴会要求灯光明亮，营造一种灯火辉煌的感觉；有的宴会追求神秘、浪漫的气氛，需要比较昏暗的灯光，应根据不同的宴会要求选择合适的灯光。

（三）背景音乐的运用

背景音乐在宴会厅里的运用，往往对调节宴会的气氛起着十分重要的作用。它可以使与宴者在品尝美味佳肴的同时得到味觉和听觉上的双重享受。轻松而舒缓的音乐，有利于减轻大脑的疲劳，使身心得以放松，从而保持较好的精神状态。

一般来说，宴会厅里背景音乐的选择，应以轻柔舒缓的乐曲为主，如钢琴曲、小提琴曲、萨克斯独奏曲、民乐及小曲等。也可以特别播放一些客人喜欢的音乐作品或选择相应的民族音乐来播放，会使他们倍感亲切。快节奏、有强烈震撼力的音乐，则不适用于宴会。

（四）邀请文艺团体现场助兴

在较高规格的宴请活动中，邀请文艺团体、著名艺术家做现场表演，也是调节宴会气氛非常有效的方法。它不仅可以提高宴会的档次，也使得宴会在进行过程中能始终保持一种热烈、欢快的气氛。必要时组织者还可以邀请主宾或重要客人上台即兴表演，将宴会气氛推向高潮。

第二节　出席宴会的礼仪要求

古往今来，宴请一直是人际交往的一种重要形式，早在《礼记·礼运篇》中，就有“夫礼之初，始于饮食”的说法。千百年来，人们在摆席设宴中形成了一套纷繁复杂的礼仪。常言道“君子食有容”，一个人在宴会中的举止是否得体，用餐姿态是否规范，是衡量其文明修养水平的标准之一。虽然随着时代的变迁，餐桌礼仪已由繁琐逐渐趋于简化，但一些基本的礼节规范依然保存着，成为人们相沿成习的行为标准。

一、接受邀请注意事项

（一）确认宴会类型，做好必要的准备

一般在请柬上都会说明宴会的类型或目的，是中式的还是西式的；是去邀请者家里做客，还是去饭店参加庆典；是庆祝宴会还是欢迎宴会等。作为客人，应邀出席一项活动之前，要核实宴请的主人，活动举办的地点、时间，是否邀请了配偶以及主人对服装的要求。要选择大方得体的服装，另外还要考虑是否需要准备礼物，或者其他的一些准备工作，等等。

（二）收到邀请后，给邀请者回复

按照一般的礼节要求，应该在收到邀请后的第一天内给主人以回复。请柬上一般都印有“敬候回音”或“如不光临请予回复”的字样。前一种是指被邀请者无论是否赴宴，都要予以回复；后一种则指被邀请者如不能赴宴才予以回复。一旦答应赴宴，如果没有特殊的原因，不要随意变动。万一有特殊情况不能出席，应及时、礼貌地向主人解释或道歉，不可无故缺席。

（三）参加宴会要守时

出席宴请活动，抵达时间的早晚，逗留时间的长短，在一定程度上反映出对主人的尊重。应根据活动的性质和当地的风俗安排，迟到、早退、逗留时间过短被视为失礼或有意冷落。我国一般是正点或提前两三分钟或按主人的要求到达出席宴会。确实有事需提前退席，应向主人说明后悄悄离去。

二、席上礼规

（一）弄清角色，找准位置

赴宴时。走进主人家或者宴会厅里，应首先跟主人打个招呼，表明你已经到达，随后还应跟已经到达的其他客人（不管相熟与否）一一点头示意或握手寒暄。特别要注意的是：对方若是长者，则应表现出格外的尊重，比如起立或让座等；对方若是女性，则应举止庄重，彬彬有礼；对方若是小孩，则应表现出长者的关爱等。

入席时。应注意以下几点：第一，如果桌次和座号均无任何标示，则应听从主人的安排，不要贸然入座；第二，如有桌次和座号的标示，也不要急切入座，而应由主人引导入座；第三，入座时应向其他客人表示适当的礼让。

就座后。应注意如下几点：坐姿要端正，不要摇晃双腿或头靠椅背伸懒腰、打哈欠等；与人交谈时不要指指画画，飞沫四溅，或声音很高；一般来说，男性不宜只穿衬衣，女性就座时也不宜将裙子掀起；在等待上菜的间隙，应与主人及其他客人轻松自如地交谈，既不可默不作声只等进餐，也不可左顾右盼或敲打碗筷等。

（二）进餐注意事项

与西餐相比，中餐宴会具有中国传统和民族特色。进餐中，应遵循中国的饮食习惯、吃中国菜肴、饮中国酒、用中国餐具、行中国传统礼仪。

1. 文明、规范地使用餐具

中餐一般使用圆桌，大家围坐在圆桌旁，用筷子夹菜吃。一般是十个人配十道正菜，目的是讲求圆满和十全十美。中餐的餐桌上，每个席位前放有汤碗、筷碟和小汤匙，桌中备有酱油、醋等调料，菜夹到碗碟里再吃。筷子的使用有很多讲究，要注意以下几点：

（1）筷子不要握得太高或太低，以筷子上端露出3cm左右比较合适，握筷时各个手指轻松自然地贴在一起。

（2）不要舔筷、咬筷，不要拿筷子在盘中翻拣食物。

（3）不方便取食的食物，可用汤匙取食，不可用筷子插食。

（4）不要用自己的筷子给别人夹菜，不要把不干净的筷子伸到盘子中取菜。

（5）不要举着筷子在几个盘子间游移不定，或将筷子放于碗或盘上，应放在筷架上。

如果不注意这些细节，不仅影响他人进餐，也有损自己的形象。

2. 餐桌上要谦让、礼貌

谦虚、礼让是我们中华民族的传统美德，我们在进餐时也要做一个文明、谦让的客人。

（1）上桌后不要先动筷，应等主人邀请，主宾动筷时再拿筷。

（2）主人向客人介绍菜式，请大家趁热品尝时，不得争抢；应首先礼让邻座客人后，再伸筷取食。

（3）不要在菜盘里翻找自己喜欢的菜肴，应先将转台上自己想吃的菜转到自己面前，再从容取菜。不要把自己喜欢的菜总是转到自己的面前，也不要在别人夹菜的时候转动转台。

3. 餐桌上要注意饮食卫生

中餐就餐时，大家共同食用相同的食物，如果不注意饮食卫生，不仅对健康不利，也不文明。

（1）已经咬过的食物不要放回盘子里，应将其吃完。

（2）冷菜、海味、虾、蒸鱼等需要蘸调料的食物可自由调味，但切记勿将咬过的食物再放回调料盘中调蘸。

（3）自己使用的餐具要处理干净后再伸到盘中取食。

（4）吃东西要文雅。闭嘴咀嚼，喝汤不要啜，吃东西不要发出声音。如汤菜太热，切勿用嘴吹。嘴内的鱼刺、骨头不要直接外吐，用餐巾掩嘴，用手或筷子取出，放在菜盘子内。吃剩的菜，用过的餐具、牙签，都应放在盘内，勿置桌上。嘴内有食物时，切勿说话。剔牙时，用手或餐巾遮口。

4. 要注意进餐速度

当其他客人还没有吃完时，不要独自先离席。在宴会餐桌上，进餐速度快慢不是依个人习惯，而应适应宴会的节奏，等大家都吃完，主人起身，主宾离席时再致谢退席。

5. 沉着处理意外情况

宴会进行中，由于不慎，发生异常情况，例如用力过猛，使刀叉撞击盘子，发出声响，或餐具摔落地上，或打翻酒水等，应冷静而不必着急。餐具碰出声音，可轻松地向邻座（或向主人）说一声“对不起”；餐具掉落可另换一套；酒水打翻溅到邻座身上，应表示歉意，协助擦干，如对方是妇女，只要把干净餐巾或手帕递上即可。

（三）席间祝酒应注意的事项

古往今来，酒水在人际交往中一直扮演着重要的角色，俗话说，“无茶不会客，无酒不成宴”。在宴会进行过程中，敬酒是不可缺少的项目，重要的宴请活动，还有专门的祝酒仪式，作为与宴者，要做到心中有数，避免失礼。

要事先准备好为何人、何事敬酒，何时敬酒，按什么顺序敬酒等等。一般来讲，第一杯酒敬主宾，第二杯酒敬主人，其他人可按顺时针的顺序依次敬酒。也可根据实际情况灵活安排。值得注意的是，对餐桌上的客人要一视同仁，不可厚此薄彼。只对特定的对象敬酒是不礼貌的。

碰杯时，主人和主宾先碰，人多时可同时举杯示意，不需逐一碰杯，祝酒时要注意不可交叉碰杯。碰杯时不要将手伸得太长，如果对方和自己距离较远，可以将酒杯在桌面上顿一下，代替碰杯。与他人碰杯时应当把自己的酒杯举得比他人的酒杯略低一些，以示谦让和对他人的尊重。

主人致祝酒词或别人向自己敬酒时，应当放下筷子暂停进餐，更不要与其他人交谈或抽烟，应耐心倾听。

祝酒时，要配合相应的语言，可以说一些吉利的、表示客气的话，不能一言不发，别人给自己敬酒时要说一些表示感谢的话。

（四）席间谈话应注意的事项

宴会上沉默寡言会使宴会气氛显得沉闷，男女主人应主动引出交谈的话题，促使客人们相互讨论大家都感兴趣的内容，使宴会始终保持轻松愉快的气氛。客人要避免谈一些荒诞、庸俗、低级的内容，也要尽量回避容易引起他人尴尬、难堪、伤心、愤怒的话题。

不要只同几个熟人或一两个人讲话，也不要金口难开，独坐一隅。宴会中不可哈哈大笑、窃窃私语或者大声招呼。

三、宴会结束应注意的事项

选择适当的时机。一般来说，离席不宜在别人正在讲话或刚刚讲完一番话之后，通常应选在同桌进餐完毕之后。

离席前不应有不耐烦的表情或举止。离席最早的人不宜高声道别，只需悄声与主人道别。

如果走时被同桌其他客人发现，则应礼貌地与之道“再见”，如对方是不同桌的客人，则点头示意即可。

向主人说明提早离席的原因，最好不是“还要赴×××的宴席”，这很伤主人的自尊。

已经提出离席后，就应尽快起身离席，不要口里说走人却不动。

离席与主人道别时不要拉住主人谈得过长，那样很容易影响一桌气氛。

离席时，通常男宾先向男主人告别，女宾则先向女主人告别，然后再交叉告别。

如果许多人一起离席，则只需分别与主人点头、微笑或握手即可。

第三节　西餐礼仪知识

随着生活方式的更新和社会交往的活跃，我国吃西餐的人越来越多。在涉外活动中，为顺应国外客人的饮食习惯，有时要用西餐来招待客人。西餐厅一般比较宽敞，环境幽雅，吃西餐又便于交谈，因此，在宴请活动中，西餐宴请是一种既受欢迎又便捷可行的招待形式。西餐十分注重礼仪，讲究规矩，如果对西餐礼仪知识缺乏必要的了解，很有可能闹出笑话。在中国近代史上，有一次李鸿章应前普鲁士首相俾斯麦之邀前往赴宴，由于不懂西餐礼仪，把一杯清洁水喝了。当时俾斯麦不了解中国的虚实，为了不使李鸿章丢丑，他也将洗手水一饮而尽，见此情景，其他文武百官只能忍笑奉陪。所以，了解一些西餐知识是十分重要的。

一、西餐的特点

“西餐”是我国对欧美地区菜肴的统称。实际上西餐大致可以分为两类：一是以英、法、德、意等国为代表的“西欧式”，又称“欧式”，其特点是选料精纯、口味清淡，以款式多、制作精细而享有盛誉；二是以苏联为代表的“东欧式”，也称“俄式”，其特点是味浓、油重，以咸、酸、甜、辣皆具而著称。此外，还有在英国菜的基础上发展起来的“美式”。如进一步细分，还可分为英国菜、法国菜、俄国菜、美国菜、意大利菜以及德国菜等。各国菜系自成风味，各有各的风格，其中尤以法国菜最为突出。西餐饮食有如下特点：

第一，重视各类营养成分的搭配、组合，充分根据人体对各种营养（糖类、脂肪、蛋白质、维生素）和热量的需求来安排菜肴或加工烹调。

第二，选料精细，用料广泛。西餐烹饪在选料时十分精细、考究，而且选料十分广泛。如在美国常用水果制作菜肴，咸中带甜；在意大利，则会将各类面食制作成菜肴，各种面片、面条、面花都能制成美味的佳肴；而法国菜选料更为广泛，诸如蜗牛、洋百合、椰树芯等均可入菜。

第三，讲究调味，注重色泽。西餐中所用的调味品大多不同于中餐，如酸奶油、桂叶、柠檬等都是常用的调味品。法国菜还注重用酒调味，在烹调时普遍用酒，不同菜肴用不同的酒做调料；德国菜则多以啤酒调味，在色泽的搭配上则讲究对比、明快，因而色泽鲜艳，能刺激食欲。

第四，工艺严谨，器皿讲究。西餐的烹调方法很多，常用的有煎、烩、烤、焖等十几种，而且十分注重工艺流程，讲究科学化、程序化，工序严谨。烹调的炊具与餐具均有不同于中餐的特点。特别是餐具，除瓷制品外，水晶、玻璃及各类金属制餐具占很大比重。

二、餐具的使用

广义的西餐餐具包括刀、叉、匙、盘、杯、餐巾等，其中盘又有菜盘、布丁盘、奶盘、白脱盘等；酒杯更是讲究，正式宴会几乎每上一种酒，都要换上专用的玻璃酒杯。

狭义的餐具则专指刀、叉、匙三大件。刀分为食用刀、鱼刀、肉刀（刀口有锯齿，用以切牛排、猪排等）、黄油刀和水果刀；叉分为食用叉、鱼叉、肉叉和虾叉；匙则有汤匙、甜食匙、茶匙。公用刀、叉、匙的规格明显大于餐用的刀、叉。

餐具的摆法

垫盘放在餐席的正中心，盘上放折叠整齐的餐巾或纸巾（也有把餐巾或纸巾折成花蕊状放在玻璃杯内的)。两侧的刀、叉、匙排成整齐的平行线，如有席位卡，则放在垫盘的前方。所有的餐刀放在垫盘的右侧，刀刃朝向垫盘。各种匙类放在餐刀右边，匙心朝上。餐叉则放在垫盘的左边，叉齿朝上。一个坐席一般只摆放三副刀叉。面包碟放在客人的左手边，上置面包刀（即黄油刀，供抹奶油、果酱用，而不是用来切面包）一把，各类酒杯和水杯则放在右前方。如有面食，吃面食的匙、叉则横放在前方。

1. 刀叉持法

用刀时，将刀柄尾端置于掌中，拇指抵住刀柄一侧，食指按在刀柄上而不触及刀背。持叉时，握住叉柄末端，叉柄倚在中指上，中间则以无名指和小指为支撑，叉可单独用于叉餐或取食。

2. 刀叉的使用

右手持刀，左手持叉，先用叉子把食物按住，右手紧握刀柄，切割食物，食物应切一块，吃一块，避免刀、叉撞击盘子发出声响，不能用刀将食物送入嘴里，以叉齿不碰击嘴唇为标准。

3. 匙的用法

持匙用右手，持法同持叉，但手指务必持在匙柄之端，除喝汤外，不用匙取食其他食物。

4. 餐巾用法

进餐时，大餐巾可折起（一般对折），折口向外平铺在腿上，小餐巾可伸开直接铺在腿上。注意不可将餐巾挂在胸前。拭嘴时需用餐巾的上端，并用其内侧来擦嘴。不可用来擦脸部或擦刀叉、碗碟等。

三、西餐进餐礼仪

参加西餐宴会，除了应遵循前述中餐宴会的基本礼仪之外，还应分别掌握以下几个方面的礼仪知识。

(一) 餐具使用的礼仪

吃西餐时，必须注意餐桌上餐具的排列和置放位置，不可随意乱取乱拿。正规宴会上，每一道食物即配一套相应的餐具（刀、叉、匙)，并以上菜的先后顺序由外向内排列。进餐时，应先取左右两侧最外边的一套刀叉。每吃完一道菜，将刀叉合拢并排置于碟中，表示此道菜已用完，服务员便会主动上前撤去这套餐具。如尚未用完或暂时停顿，应将刀叉呈“八”字形左右分架或交叉摆在餐碟上，刀刃向内，意思是告诉服务员，我还没吃完，请不要把餐具拿走。

使用刀叉时，尽量不使其碰撞，以免发出大的声响，更不可挥动刀叉与别人讲话。

尚未吃完的刀叉摆放法

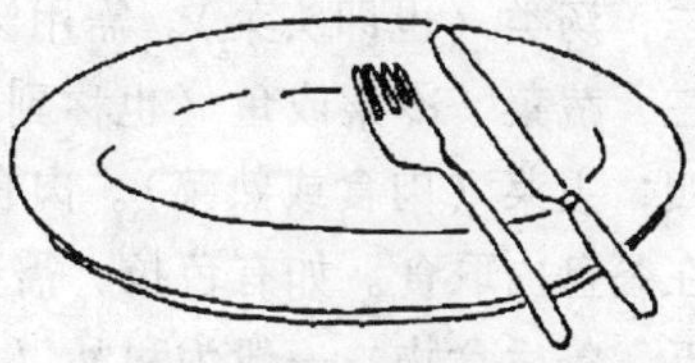

已吃完的刀叉摆放法

（二）西餐菜点与酒水搭配知识

西餐与中餐的不同之处在于菜点与酒水的搭配很有讲究，而且形成了一定的规律。具体要求如下：

1. 餐前开胃酒

（1）鸡尾酒。餐前饮一杯鸡尾酒，是大多数西方人的用餐习惯，一杯色香味俱佳的鸡尾酒，会令客人胃口大开。

（2）雪利酒。雪利酒也是西方人喜欢饮用的开胃酒之一，在雪利酒系列中，西班牙雪利酒最为著名。

（3）葡萄酒。在葡萄酒中，波特、玛德拉、味美思等也属于开胃酒。

（4）高杯饮料。用威士忌或其他蒸馏酒掺入苏打水、汽水等，并加冰块饮用，也是理想的餐前开胃酒。

2. 不同菜肴与酒的搭配规律

（1）鱼类或禽类配以干型或半干型白葡萄酒，或者玫瑰红葡萄酒。

（2）牛排、烤肉等肉类常用红葡萄酒相配。

（3）点心通常佐以香槟酒或甜葡萄酒。

（4）干酪、乳饼可用红葡萄酒相配。

3. 餐后酒

西方人有餐后饮酒的习惯。餐后酒有促进消化的作用，常用的有利口酒，或称香甜酒；餐后饮用白兰地酒在西方也较为普遍；香槟酒则在任何时候可配任何菜肴饮用。

总之，色、香、味淡雅的酒品应与色调冷、香气雅、口味纯、较为清淡的菜肴搭配，如头盘鱼、海鲜类应配以冰冻后的白葡萄酒；香味浓郁的酒应与色调暖、香气浓、口味杂、较难消化的菜肴搭配；咸食选用干、酸型酒类；甜食选用甜型酒类；在难以确定时，则选用中性酒类。

（三）西餐进餐礼仪

西餐种类繁多，风味各异，其上菜的顺序因不同的菜系、不同的规格而有所差异，但其基本顺序大体相同。

一顿内容完备的西餐一般有七八道菜，主要由这样几部分构成：

第一，饮料（果汁）、水果或冷盆，又称开胃菜，目的是增进食欲。

第二，汤类（也即头菜）。需用汤匙，此时一般上有黄油、面包。

第三，蔬菜、冷菜或鱼（也称副菜）。可使用垫盘两侧相应的刀叉。

第四，主菜（肉食或熟菜）。肉食主菜一般配有熟蔬菜，此时要用刀叉分切后放在餐盘内取食。如有色拉，需要色拉匙、色拉叉等餐具。

第五，餐后食物。一般为甜品（点心）、水果、冰淇淋、咖啡等，喝咖啡应使用咖啡匙、长柄匙。

吃西餐时，要特别注意自己的形象，同时要考虑到不同的菜式有不同的吃法。

就座时，身体要端正，手肘不要放在桌面上，不可跷足，与餐桌的距离以便于使用餐具为佳。餐台上已摆好的餐具不要随意摆弄。将餐巾对折轻轻放在膝上。

吃鱼、肉等带刺或骨的菜肴时，不要直接外吐，可用餐巾捂嘴轻轻吐在叉上放入盘内。如盘内剩余少量菜肴时，不要用叉子刮盘底，更不要用手指相助食用，应以小块面包或叉子相助食用。吃面条时要用叉子先将面条卷起，然后送入口中。

用刀叉吃有骨头的肉时，用刀更优雅。即：用叉子将整片肉固定（可将叉子朝上，用叉子背部压住肉），再把刀沿骨头插入，切开肉。最好是边切边吃。须用手吃时，会附上洗手水。当洗手水和带骨头的肉一起端上来时，就意味着“请用手吃”。用手拿东西吃后，将手指放在装洗手水的碗里洗净。

吃鸡时，欧美人多以鸡胸脯肉为贵。吃鸡腿时应先用力将骨去掉，不要用手拿着吃。吃鱼时不要将鱼翻身，要吃完上层后用刀叉将鱼骨剔掉后再吃下层。吃肉时，要切一块吃一块，块不能切得过大，或一次将肉都切成块。

吃面包一般用手掰成小块送入口中，可蘸调味汁，吃到连调味汁都不剩，是对厨师的礼貌。注意不要把面包盘子“舔”得很干净，而要用叉子叉住已撕成小片的面包，再蘸一点调味汁来吃。

沙拉用叉子吃，如菜叶太大，可用刀在沙拉盘中切割，然后再用叉子吃。吃水果时，应将水果切成四瓣，再削皮用刀叉取食。

喝咖啡时可以根据需要添加牛奶或糖，添加后要用小勺搅拌均匀，将小勺放在咖啡的垫碟上。喝时应用食指和拇指拈住杯把端起来，直接用嘴喝，不要用小勺一勺一勺地舀着喝。

饮酒时，应先将口中咀嚼物咽下，然后将刀、叉在盘中放成“八”字形或交叉，再用餐巾纸将嘴唇擦拭干净，然后再喝。中国人习惯举杯仰头痛饮，一口喝光，而在西方这却恰恰是应避免的。在西方，最文明的方式是头保持平直，一口口地啜饮，喝到底时，杯中总还是留一点酒。有人曾将一次礼貌的饮酒程序做了总结：第一，举起酒杯，双目平视，欣赏色彩；第二，稍微端近，轻闻酒香；第三，小啜一口；第四，慢慢品尝；第五，赞美酒好、酒香。

总之，西餐既重礼仪，又讲规矩，只有认真掌握好，才能在就餐时表现得温文尔雅，颇具风度。

宴请和赴宴，是我们礼尚往来的一种交际形式。在现代社会，随着商业和市场经济的繁荣，私人交往和公务交往都很普遍和频繁，而宴请又是其中一个极重要的形式。可以说，每个成功的人士，都是这方面的佼佼者。因此在社会交往和现实生活中，旅游服务人员通晓宴请礼仪，对提高服务水平和加强礼仪修养是大有裨益的。

【案例】

绅士的迷惑

有位绅士独自在西餐厅享用午餐，风度优雅，吸引了许多女士的目光。当时侍者将主菜送上来不久，他的手机突然响了，他只好放下刀叉，把餐巾放在餐桌上，然后起身去回电话。几分钟后，当那位绅士重新回到餐桌的座位时，桌上的酒杯、牛排、刀叉、餐巾全都被侍者收走了。

分析：请指出本例中那位绅士就餐时的问题所在。

◎思考题

1. 如何安排宴请活动？
2. 宴请活动中如何调节与控制宴会氛围？
3. 参加中餐宴会时进餐有哪些注意事项？
4. 参加西餐宴会要注意哪些礼仪？

◎实训题

1. 教师和学生分别模拟客人和服务员进行正式的问候、迎宾引座、推销菜肴、上菜斟酒、收银找零、送客引路等，模拟一个完整的服务过程。

2. 分组练习斟茶、斟酒及进餐、饮茶的礼仪姿势。

第十章 旅游服务人员人际交往礼仪

一位著名的心理学家说：一个人成功的因素85%来自社交和处世。旅游服务人员每天都不可避免地与他人交往，每天都有可能遇到社交的难题。

学习旅游服务礼仪的目的之一就是与公众保持良好的关系，使旅游企业处于一种“天时、地利、人和”的环境之中。如何达到这一目标，很重要的一个方面，就是要求旅游服务人员通过广泛的社会交往，为旅游企业广结善缘，从而为旅游企业的组织目标服务。

第一节 一般交往礼仪

一、如何对待同事

同事是与自己一起工作的人，是与我们接触最多的人。与同事相处得如何，直接关系到自己工作的顺利开展、事业的进步与发展。同事关系却最难处理，因为同事之间除了工作中需要相互依存、通力合作外，还存在人事升迁、酬劳多少等利益关系，处理不好就会产生摩擦和矛盾。要想在事业上有所成就，就要正确处理好同事关系，为自己营造出一个和谐的工作环境。

（一）与同事交往的基本礼仪原则

1. 尊重同事

相互尊重是处理好任何一种人际关系的基础，同事关系也不例外。同事关系以工作为纽带，一旦失礼，创伤比较难愈合。所以，处理好同事之间的关系，最重要的是尊重对方。

2. 经济往来一清二楚

同事之间可能有相互借钱、借物或馈赠礼品等物质上的往来，但切忌马虎，每一项都应记得清楚明白。如果所借钱物不能及时归还，应每隔一段时间向对方说明一下情况。

3. 对同事的困难表示关心

同事有困难，通常首先会选择亲朋好友帮助，但作为同事，应主动询问。对力所能及的事应尽力帮忙，这样，会增进双方之间的感情，使关系更加融洽。

4. 不在背后议论同事的隐私

每个人都有隐私，隐私与个人的名誉密切相关，背后议论他人的隐私，会损害他人的名誉，引起双方关系的紧张甚至恶化。对于特别喜欢打听别人隐私的同事要加以劝说，对有损名誉的传言一定要持坚决反对的态度。

5. 与同事相处要有度量

度量是衡量一个人修养程度的尺子。有度量，做起工作就会有好的心态，也才能彬彬有礼，有条不紊，一举一动都符合礼仪规范；没有度量，遇到一点点小事或小的刺激就急火攻心，乱了方寸，失去了礼数，就会做出没有礼貌的举动来。

同事之间经常相处，一时的失误在所难免。如果出现失误，应主动向对方道歉，征得对方的谅解；对同事的错误和误解要能容纳，“宰相肚里能撑船”，不可“小肚鸡肠”，耿耿于怀。

（二）与同事交往的礼仪禁忌

一些不恰当的行为往往会破坏自己在同事心目中的形象，或是引起同事的负面看法，因此记住以下需要避免的做法，至关重要。

1. 切忌拉小圈子，互散小道消息

涉及工作问题要公正，有独立的见解，同事之间切忌私自拉帮结派，形成小圈子，这样容易引发圈外人的对立情绪。更不能在圈内圈外散布小道消息，充当消息灵通人士，这样永远不会得到他人的真心对待，只会让同事避之不及。

2. 忌情绪不佳，牢骚满腹

工作时应该保持高昂的情绪状态，即使遇到挫折、饱受委屈、得不到上级的信任，也不要牢骚满腹、怨气冲天。这样做的结果只会适得其反，要么招同事嫌弃，要么被同事瞧不起。

3. 切忌趋炎附势，攀龙附凤

做人要光明正大、诚实正派，切忌人前人后两张面孔。倘若在上级面前过分表现自己，办事积极主动，极尽溜须拍马的工夫；而在同事或下属面前，推三阻四、爱理不理，一副予人恩惠的脸孔，长此以往，会遭到同事的孤立。

4. 切忌逢人诉苦

把痛苦的经历当作一谈再谈、永远不变的谈资，不免会让人退避三舍。忘记过去的伤心事，把注意力放到工作中来，做一个生活的强者，反而会让同事投以敬佩多于怜悯的目光。

5. 切忌故作姿态，举止特异

在正式场合，不要给人以“新新人类”的感觉。无论是装扮还是举止言谈，切忌太过前卫，给人风骚或怪异的印象，这样容易招致同事的耻笑。同时，也会被人认为是没有实际工作能力、行为怪异的人。

6. 切忌过分表现

工作中保持积极的态度是值得肯定的，但如果对任何事都过分积极，就会给人凡事喜欢表现的感觉。譬如：看到同事聚在一块，非得凑过去生怕漏掉什么重要消息，明明没你的事却老想插手，喜欢发表长篇大论……表现过分，就可能招致同事之间人际关系的恶化。

7. 切忌成为“耳语”的散播者

耳语，就是在别人背后说的话，只要人多的地方，就会有闲言碎语。耳语就像噪音一样，会影响人们的工作情绪。无论在什么场合，要懂得该说的就说，不该说的绝对不能乱说。远离耳语，会获得同事的信任。

二、如何对待下级

我们在生活中常常看到许多做领导的大呼小叫，颐指气使，对下级动辄训斥，认为这样才能显示自己的权威。其实，这是不懂得做领导的诀窍。几千年前的孔子早就提出“君使臣以礼”的观念，认为领导对下属要以礼相待。古代人在这一方面有很多做得很好的例子，比如中国古代的点将台、拜将台，都是“礼遇下属”的体现。上级如何对待下级呢？至少要做到下面几点：

（一）在利益的问题上要公平

诸葛亮有一段论述兵将关系的名言：“夫为将之道，军井未汲，将不言渴；军食未熟，将不言饥；军火未然，将不言寒；军幕未施，将不言困；夏不操扇，雨不张盖，与众同也。”（《将苑·将情》）

《孙子兵法》中也说：“上下同欲者胜。”利益（包括物质利益、精神利益、政治利益等）问题是上下级关系的一个根本性问题。为了在这一问题上协调，必须尽力做到公平、公正，作为上级领导者，应该与下级同舟共济，互利互惠。

（二）在待人的问题上要公正

下级一般都很关心上级怎么看待自己、对待自己，因此，上级应该客观、公正地对待下级，避免情绪化地看待和对待一个人，应该以团结大多数为重，正确认识和评价有争议的人才，让各种类型的人才得到一个施展才华的岗位，各得其所，各展其能，不分亲疏，同等对待。

（三）在态度的问题上要平和

上级处于上位，很容易让下级敬畏而远之，不利于工作的开展。上级应明确这一问题，在维护自身权威的同时，尽量态度和蔼地对待下属；有话好好说，有理慢慢讲，不必脸红脖子粗；原则要坚持，硬话可软说。有时候，上下级之间也会发生一些矛盾冲突，作为上级应该高姿态、高风格，避免矛盾激化，对待下级应该尽可能做到扬善于公庭，规劝于密室，掌握批评的艺术，特别是切忌当众训斥下级，避免让下级难堪。

（四）在管理的问题上要宽严适度

对下级，应该是敢于管理、善于管理。怎么管？应该是管而不死，放而不乱，激励与监督同步，让下级在你的手下工作感到有安全、有希望。同时，又要让他们感到有约束、有规范、有压力。

三、如何对待上级

做下级的应当怎样对待上级呢？三国的诸葛亮是这方面的典范。诸葛亮对于刘家父子真正做到了“鞠躬尽瘁，死而后已”。对上级尽“忠”，这是做下级的本分。领导在选择部下的时候有许多标准，一个主要的标准是看下级是否忠诚。

（一）出色地完成上级交给的任务

出色地完成上级交给的任务，是对上级最大的支持，是对上级最大的礼遇。上级领导最信得过的下级是爱岗敬业、忠于职守、勤勤恳恳的下级，所以，作为一个下级，要乐于“当牛做马”，不要“吹牛拍马”；要尽职尽责地、积极主动地、出色地做好本职工作，不可故作姿态、故意张扬。要以自己的精明才干和出色的人品奠定与上级和谐共事的基础。

（二）尊重上级的意见

要获得上级的理解和信赖，尊重上级的意见是重要的前提。上级的意见可能对，也可能不对。如果上级的意见没有失误，即使与自己的想法不符，也应按上级的安排去做，这关系到工作，也关系到下级对上级最基本的礼貌态度；如果上级的意见确实不妥，也不必当众唱对台戏，让领导下不来台，以逞自己的聪明，这是一种严重的失礼。

（三）学会借上级的权力来做好自己的工作

下级相对来说没有权力或权力小于上级，但要学会“借”。办法之一，就是加强请示汇报，让上级了解自己、理解自己、支持自己。有了上级的理解和支持，很多问题就可以迎刃而解，工作起来将会更加顺利。

（四）在上级面前注意自己的仪态

在领导面前不拘小节，以示与领导的亲密程度，其实也是很失礼的。比如进入领导的办公室，不管领导在不在，随意翻看桌子上的公文、信件。在工作场合喊叫领导的小名、诨名。其实，即使在工作场合以外的地方与领导相遇，也应以常礼主动打招呼或致意。

四、如何对待异性

异性交往是旅游服务人员日常工作中的基本内容。得体有效的异性关系能使人在生活中获得愉快的心情。美国心理学家林冬博士曾对1 000名志愿者进行调查，结果发现所有的人都可以从与异性朋友的互吐衷肠中，获得解除内心抑郁的功效。对于男性来说，女性中的绝大多数都是最佳聆听者，她们较善解人意，理解和体贴谈话者的处境和苦楚，使得男性免除了在同性面前怕丢面子的顾虑，能畅所欲言，倾吐心事。同样，对于女性来说，男性通常会对女性的困难和感受显示极大的同情和深入的理解，这是她们在同性间不易获得的反应。

异性间的交往，首要问题是要有一个正常的心态。异性交往要大方、自然、有礼貌及有分寸的热情，表现出拘谨、冷淡的样子或表现得过于热情，都是不恰当的，既不符合我们中华民族的文化传统和习惯，也不符合现代国际间通行的礼仪。旅游服务人员在与异性交往中，要遵守下面一些基本礼仪：

（一）与异性交往的基本礼仪原则

1. 坦然交往

男性有阳刚气质，女性有阴柔之美。男女之间尤其是青年男女之间都有一种神秘感，但在男女交往中却没有必要刻意保持神秘。有些人在与异性交往时表现得过分矜持、紧张或扭扭捏捏，这是一种不自信的表现，更是对别人的一种伤害，因为这会让对方觉得受冷落。现代社会，具有大方豪爽风度的人，其人格魅力会大大增加。尤其是女性应摈弃封建社会的陈规陋习，坦然、大方、开朗地与男性交往，这样会更受男士的欢迎。

2. 异性互补

男女双方在交往时，由于神秘感和好奇心，都希望从对方那里感受到异性所具有的优点，同时为了吸引异性，也往往会显示出自己有别于异性的特质。比如，女性被男士所吸引的是其出众的能力、渊博的知识、宽阔的胸怀等阳刚的特点；男士则喜欢女士优雅的外表、温柔的性格。由于男性的生理素质一般比女性要强，因此有必要遵循“女士优先”的原则，在交往中对女士多加关照；而女士在和男士打交道时，应注意自己的姿容服饰是否端庄大方，并在行动中表示对男士的关心体贴，这样会让交往中的男士感受到礼遇和尊重，使双方在交往中均达到心理上的互补。

3. 注意分寸

“瓜田不纳履，李下不整冠”、“男女授受不亲”的时代虽然已经成为历史，但男女交往仍然要讲究适度，注意分寸。

男女之间如果过分放任随意，就会破坏原有的友谊和正常的关系，因此交往中以多注意一点方式、多保持一点距离为宜。为使正常的异性交往不遭受到无谓的波折，注意交往分寸、遵循社会风俗习惯是非常必要的。只有把握好尺度，才可以建立起健康、高雅、纯洁的友情关系。

（二）异性交往中女性的礼仪修养

女性要庄重、沉稳，切不可轻浮、随便。这是有教养、有知识的女性共有的特点，也是礼仪修养的基本要求。不论与什么样的男性交往，都要保持庄重的态度。有些女性见到男性后，说起话来就会滔滔不绝，表现出手舞足蹈、眉飞色舞的样子，不论是出于什么目的，这都是不可取的。

女性与男性交往分寸感要强。分寸感是指要掌握一定的度，以合适为好。不可太热情，也不要太冷淡。即使是再熟悉的人，关系再亲密的人，在公共场合交往时，肢体语言上都不应表现出过于亲密的样子。

女性得到男性的照顾是很自然的事情，但是一定要保持清醒的头脑，弄清楚男性是出于礼仪还是另有其他目的，再根据具体情况恰当处理；也不可把男性的照顾视为理所当然，应适时表示感谢。

女性要自尊自爱，要光明正大，自强不息，工作中不要挑肥拣瘦，拈轻怕重，随便把重活推给男性，使男性产生反感。女性不宜轻易给男性增添麻烦或造成额外的负担，也不要随便接受男性的邀请或约会，更不要经常让男性掏钱请客。

要公私分明。在工作时间内就应专心致志地办理公务，不要在工作时间内处理私事，特别是与男性有私事商量时，不要在公众面前进行。要不断提高自身的素养，培养事业心和责任感，与可信赖的男性多交往，在交往中相互学习，取长补短。

年轻女性在与异性交往时，要保持自己的年龄特征，即纯朴、自然、大方、活泼的本性，切忌弄虚作假和装腔作势。与异性交往表现出矫揉造作、卖弄风情的样子，会招致正直男性的厌恶，年轻女性不经化妆的自然美和年轻而健康的肌肤，是任何美容术所不能及的，花很多时间化妆，把自己打扮成贵妇或过分艳丽的样子，把脸上的光润和朝气全掩盖，会与自己的身份很不相称，给人以老练油滑的感觉，是很不明智的事。

（三）异性交往中男性的礼仪修养

男性一定要正直、正派，使人感到你是一位充满正气的人，能够自然、大方地和女性交往。照顾女性要遵守相关礼仪，具体做法还要根据当时当地的客观情况恰当处理，原则上要把国际通行的礼仪要求和中华民族的文化传统、风俗习惯结合起来。

男性要把信誉放在第一位，说话算数，办事负责，工作认真，与女性交往要谦虚和气、有礼貌、有责任感，这样才能取得女性的信任。清朝的李子潜编写的《弟子规》一书中说，“凡出言，信为先，诈与妄，奚可焉”；“凡道字，重且舒；勿急疾，勿模糊”。这里是说不仅说话必须讲信用，而且任何时候也不得有欺诈和虚妄的行为。交代事情必须说得清清楚楚，便于理解和帮忙。

大度是男性最突出、最重要的特征之一，从大处着眼，目光远大，胸怀大志，不计较小是小非，宽厚待人，这样就很能赢得周围人们的好感，更会获得女性的赞赏和亲近。

男性要刚柔相济，根据具体情况和环境，既要遇事果断，又要心存善良；要大事清楚，小事糊涂，尤其与女性交往和接触中，必须善于体察其实际情况和需要，以礼相待，给予必要的关心、照顾。

男性在社会交往中，不要过分追求外表的光鲜，油头粉面会让人产生厌恶的感觉；蓬头垢面、不修边幅，纵是美男子也会令人敬而远之。

第二节 与客人交往礼仪

在旅游服务行业中，由于旅游服务人员的特定角色以及客人所处的特定地位，决定了旅游服务人员与服务对象的交往不同于一般的人际交往。旅游服务人员在与客人交往时应注意一些什么问题呢?

一、旅游服务人员与客人交往时应注意的两大问题

(一) 明确服务人员和客人之间的关系

服务人员和服务对象之间的关系，简而言之，就是服务与被服务的关系，是服务产品的提供者和消费者之间的关系，两者互相依存。一方面，顾客支付的费用，是企业营业收入和利润的来源，顾客是服务业的“衣食父母”；另一方面，“顾客是我们存在的全部理由”，没有服务对象，服务人员的服务就失去了目标，服务人员也失去了存在的意义。服务人员和服务对象双方在人格上是平等的，但所承担的社会角色不同，在服务岗位上，服务人员和服务对象不能平起平坐。

(二) 明确客人的心理需求

根据马斯洛的需要层次论，客人在消费旅游服务产品时，最希望满足的需要是被尊重的需要。正是对客人这一需要的充分认识，服务业提出了“顾客至上”、“以顾客为中心”、“顾客永远是对的”等服务信条。

二、旅游服务人员与客人交往的一般原则

(一) 尊重客人

尊重他人就是指尊重他人的人格、感情、爱好、习惯和职业、社会价值以

及所应享有的权益。那么对客人来说，旅游服务人员应做到以下几点：

尊重客人的知情权。客人有权知悉所消费的服务和商品的具体情况和价格等。旅游服务人员在和客人交往时，不能欺瞒客人、弄虚作假、以次充好等。

尊重客人的选择权。客人有是否购买服务和商品的权利，也有按自己的要求购买服务和商品的权利。服务人员不得强迫客人消费，也不能因为客人不消费就给客人摆脸色，对客人的合理需要理应满足。

尊重客人的个性、民族习惯和宗教信仰。每一个客人都是独特的个体，有自己特殊的喜好，有自己的民族习惯和宗教信仰。旅游服务人员在服务中应注意这一点，不挑剔对方，不歧视对方。

（二）耐心克制

服务行业讲究“以客人为中心”，要求服务人员尽量把“对”让给客人。服务时，在态度上尽心尽意，在行为上尽力而为，在过程中力求完善，最后在结果上争取客人满意。“得理不让人”在生活中很常见，但在服务工作中却要求“得理而让人”。自己有错要立即道歉，客人有错，则不当面指责客人，给客人留有余地。

（三）不卑不亢

当然，旅游服务人员认为自己是侍候人的，在客人面前唯唯诺诺，谦恭过头，也是没必要的。什么是服务？服务就是为社会工作，为他人工作，为人民服务。服务工作没有尊卑贵贱之分，只是社会分工的不同。我在旅游服务岗位上为他人服务，他人也在其他岗位上为我服务。服务工作是服务人员赖以安身立命，发挥自身价值的重要岗位，服务人员完全可以树立起职业神圣感、崇高感和责任感。在工作中，自尊自重，自豪而不自卑。就像美国的里兹·卡尔顿酒店提出的口号：“我们是为先生女士提供服务的先生女士。”

三、旅游服务人员与客人交往的礼仪原则

（一）零度干扰

所谓“零度干扰”，是指服务人员在为客人服务的过程中，不让客人受到不适当因素的干扰。“零度干扰”的基本要求是服务时不影响、干扰、打搅服务对象。具体需要做到下面几点：

1. 语言无干扰

在服务过程中，有问必答，不主动和客人攀谈。做到“不以语言拉客”、“不以语言劝客”、“不以语言难客”、“不以语言逐客”。

我们来看一个案例：

一个深秋的晚上，三位客人在南方某城市一家饭店的中餐厅用餐。他

们在此已坐了两个多小时，仍没有去意。服务员心里很着急，到他们身边站了好几次，想催他们赶快结账，但一直没有说出口。最后，她终于忍不住对客人说："先生，能不能赶快结账，如想继续聊天请到酒吧或咖啡厅。"

"什么！你想赶我们走，我们现在还不想结账呢。"一位客人听了她的话非常生气，表示不愿离开。

在这个案例中，服务人员犯了以语言逐客的错误，客人自然不会高兴。

2. 表情态度无干扰

表情态度无干扰是指服务人员表情态度自然，积极和客人互动，对待客人不冷漠，不敷衍客人，也不怀疑客人。

3. 举止行动无干扰

在服务工作中，服务人员应尽量避免一些可能会干扰客人的举止，如不文明、不卫生、不专心、不到位、不礼貌的举止。

（二）距离有度

在服务工作中，服务人员应和服务对象保持适当的空间距离。既不能亦步亦趋，让客人有受监视的感觉，使人厌烦，又不能对客人不管不顾，让客人感到被冷落。一般来说，服务人员在为客人服务时应注意以下距离：

常规距离：0.5～1米，适用于和客人的一般交往。

展示距离：1～3米。适用于向客人介绍和展示商品。

引导距离：服务人员位于被引导者左前侧约1米处。适用于引导客人行进。

待命距离：客人侧后方（或侧前方）约3米处，既不干扰客人，又能随叫随到。

信任距离：客人看不到的地方，如门外，体现对客人的尊敬和信任。

（三）3A规则

3A规则是指在与客人交往时，要恰到好处地向客人表示友善。使客人感觉宾至如归，在消费的同时获得精神享受。3A是三个英文字母的首字母，这三个英文字母分别是：Accept（接受）、Appreciate（重视、欣赏）、Admire（赞美、肯定）。

1. Accept——接受对方

接受对方要求旅游服务人员树立"客人永远是正确的"的观念，在任何情况下，不要非议服务对象的选择，不要站在服务对象的对立面，视服务对象为挑衅和无知。

2. Appreciate——重视对方、欣赏对方怎样让客人感受到被重视和欣赏呢？可以从以下两个方面来尝试：

(1) 对客人使用尊称，使用表示敬意和友善的称呼。避免关系不当的称呼，如和服务对象称兄道弟；避免替代性称呼，如“下一个”、“8 号” 等；避免庸俗、粗俗、低级趣味的称呼，如“小妞”、“哥们”、“那个胖子”等；避免无称呼，如“快走!”、“喂，别动!”等。

(2) 记住对方。姓名是一个人在社会生活中的重要符号，人们往往对自己的姓名有特殊的感情，如果服务人员能够记住客人的姓名，并在客人一进店时就准确地称呼出对方，会让客人有受重视、被尊重的感觉。尤其是 VIP 客人的单位、姓名、重要事项，如爱好、忌讳等，旅游服务人员应该牢记。

3. Admire——赞美对方、肯定对方

人人都希望被赞赏，客人也不例外。为了和客人建立良好的关系，利于服务工作的开展，让客人感受到真心地被接纳和认可，旅游服务人员在和客人交往时，应该善于发现客人的优点，并适时、恰当地给予客人赞美。当然，赞美不是阿谀奉承，不是奴颜婢膝，而是人与人之间良好的感情互动。赞美时要注意两点：一是赞美要实事求是，具体说出对方的优点，不能无中生有，也不能泛泛而谈；二是赞美要适应对方。根据对方的特点赞美，夸对方爱听的。举个例子，对于一位德高望重的教师，我们夸他“您真风趣”，他可能能够接受；如果这样说，“您上课像演小品似的”，他可能觉得这并不是夸奖。

【案例分析】

一张机票

一位客人匆匆从电梯出来，拐到礼宾部：“哈罗，帮我订一张后天去北京的机票。”

接待员应声招呼，立即作了记录。客人交代完毕欲走，忽又转身，似真似假地笑着说：“我要东航，东方航空公司的票。”

接待员用手势做了个 OK。

下午，酒店的旋转门闪进了早上的那位客人，大步走向礼宾部，满面春风：“嗨，搞定啦?”

客人笑着接过机票，低头一看，傻了眼，一脸不悦的神情。

[特写] 机票：西南航空公司

“有没有搞错啊，跟你说要东航机票，你还是给我拉郎配。”说罢，摇头。

接待员：“对不起，东方航空公司的机票已订完。我还以为你是随便说说的，并不一定……”

客人打断接待员的话："我是随便说说还是你随便订订啊？"

分析：接待员的问题在哪里？

◎思考题

1. 与同事相处时要遵循哪些基本原则？
2. 如何协调上下级关系？
3. 如何与异性相处？
4. 如何与客人交往？

◎讨论题

1. 如何看待公共场合中青年男女过分亲热的举动？如果是你，你应该怎么做？
2. 针对不同客人的特点，探讨赞美对方的方法。
3. 谈谈你学习本章后的收获和体会。

第十一章 我国部分民族和港澳台地区礼仪习俗与禁忌

我国是一个统一的多民族国家，56 个民族及其祖先共同创造了光辉灿烂的中华文明。在长期的历史发展进程中，由于经济条件、社会文化和地理环境等因素的影响，各民族和港澳台地区在饮食、节庆、婚姻、禁忌和宗教信仰等方面形成了自己独特的风俗习惯和文化传统。了解这些内容，掌握其礼仪要求，对于旅游接待、服务工作有着十分重要的意义。

在旅游接待、服务工作中，我们应克服大汉族主义和地方保护主义思想，正确对待少数民族宾客和港澳台地区的同胞，认真贯彻党的民族政策和统战政策，做到因人施礼，恭而有礼，有针对性地、规范化地进行接待服务。

第一节 汉族习俗与禁忌

一、简介

汉族由古代华夏族和其他民族逐渐同化、长期融合而成，在汉代始称汉族。据我国第六次全国人口普查的统计数据，汉族人口约占我国总人口的91.51%，遍及全国各省、市、自治区，是我国人口最多的民族。汉语属于汉藏语系汉语支，是我国的通用语言，更是国际上使用人数最多的通用语言之一。汉族在漫长的历史长河中与各兄弟民族之间有着极为广泛的政治、经济和文化的联系与交流，尤其是新中国成立后，在党的民族政策的正确指引下，汉族与各兄弟民族建立了团结、友爱、互助、平等、合作的新关系。汉族作为中原地区的主体民族，两千年来一脉相承的典章制度始终促成并约束着汉族的民俗，使它保持着连续不断和彼此共同的习俗。

二、礼仪习俗

汉族的礼仪习俗经过几千年的积淀逐渐形成。虽然近百年来由于各种现代文化思潮的输入，使这种传统文化心理受到了很大的冲击，但是它的影响仍然根深蒂固。

（一）称呼习俗

汉族在言语交际中，一个突出的特点是讲究亲属称谓和长幼辈分的严格区别。

在西方晚辈对长辈可以直呼其名，而在中国人的交际中这是不被允许的，对亲属中的长辈，交谈时必须使用称谓，这是有礼貌、有教养的表现。几千年的传统社会一直提倡长幼有序、尊卑有别，所以人们对有官职的谈话对象历来有以职务相称的习惯。在交际中为了抬高对方的地位，往往以自谦之辞相对应，如：贵姓—敝姓、府上—寒舍、贤弟—愚弟、大作—拙作、高见—愚见、浅见。

亲属称呼也用于邻里之间或初次相识的人之间，以示亲切和尊敬。

（二）节日习俗

汉族的节日也颇能体现民族的礼仪习俗。汉族的传统节日主要有春节、端午节、中秋节、重阳节等，以春节最为隆重。

1. 春节

春节俗称过年，汉族把春节视为“一元复始，万象更新”的日子。春节历史悠久，它源于殷商时期年头岁尾的祭神祭祖活动。按照我国农历，正月初一古称元日、元辰、元正、元朔、元旦等，俗称大年初一，到了民国时期，改用公历，公历的正月初一称为元旦，把农历的正月初一叫春节。

传统意义上的春节是指从腊月初八的腊祭或腊月二十三的祭灶，一直到正月十五，其中以除夕和正月初一为高潮。在春节期间，汉族都要举行各种庆祝活动，这些活动大多以祭祀神佛、祭奠祖先、除旧布新、迎禧接福、祈求丰年为主要内容。活动形式丰富多彩，带有浓郁的民族特色。

2. 清明节

清明节又叫踏青节，它在每年阳历 4 月 4 日至 6 日之间，正是春光明媚、草木吐绿的时节，也正是人们春游（古代叫踏青）和祭祖、扫墓的日子，所以古人有清明踏青的习俗。直到今天，清明节祭拜祖先、悼念已逝亲人的习俗仍很盛行。唐代诗人杜牧的《清明》诗：“清明时节雨纷纷，路上行人欲断魂。借问酒家何处有？牧童遥指杏花村。”写出了清明节的特殊气氛。

3. 端午节

端午节又称端阳节、午日节、重五节、五月节、龙日、艾节、夏节等。

端午节最早源于吴越，是吴越人祭祀龙的节日。公元前 278 年，著名爱国诗人屈原因楚国都城郢被攻破而自投汨罗江而死，楚乡人民为表怀念之情而将农历五月初五定为纪念屈原的日子。

两千多年来，端午节一直是全民健身、防疫祛病、避瘟驱毒、祈求健康的民俗佳节。各地人们过节的习俗大同小异，内容主要有：女儿回娘家，挂钟馗像，悬挂菖蒲、艾草，佩香囊，赛龙舟，比武，击球，荡秋千，给小孩涂雄黄，饮用雄黄酒、吃咸蛋、粽子和时令鲜果等，一些习俗至今仍流传在中国各地及邻近的国家。有些活动如赛龙舟等，已得到新的发展，突破了时间、地域的界限，成为国际性的体育赛事。

4. 中秋节

中秋节又称月夕、仲秋节、八月节、拜月节、女儿节或团圆节，时在农历八月十五，因其恰值三秋之半，故名。据说此夜月球距地球最近，月亮最大、最亮，所以从古至今都有饮宴赏月的习俗；回娘家的媳妇是日必返夫家，以寓圆满、吉庆之意。

祭月赏月是中秋节的重要习俗。古代帝王有春天祭日、秋天祭月的社制，平民百姓家也有中秋祭月之风，到了后来赏月重于祭月，严肃的祭祀变成了轻松的欢娱。

三、禁忌

汉族春节期间的忌讳颇多，如正月初一、二、三忌生食，因而有的地方在年前将一切用品备齐；妇女不出门拜年，曰“忌门”；初一妇女不可回娘家；小孩子不准哭闹；老少不可说不吉利的话；左邻右舍不能吵架；不许打破工具、家具；不能请医生；从初一到初四不能动针线、剪刀；不能扫地；元旦不能吃稀粥，等等。

妇女生育期间的各种饮食禁忌较多。如不少地区汉族妇女怀孕期间忌食兔肉，认为吃了兔肉生的孩子会生兔唇；还有的地方禁食鲜姜，因为鲜姜外形多指，唯恐孩子手脚长出六指。未生育的妇女，多忌食狗肉，认为狗肉不洁，而且食后容易招致难产等。

汉族人尚红贵黄。汉族人把红色当做吉祥、美丽的象征，在重要的场合，汉族女子多着红装以显喜庆。就连逢年过节都要包红包。黄色为各种颜色中最高贵的颜色，代表中央，因此，历代皇帝多使用黄色为正色，皇帝穿的龙袍又称“黄袍”。过去，汉族忌讳白色，认为白色代表死亡、悲哀和痛苦，所以，丧礼均用白色表示肃穆庄严，丧事又称“白喜事”。

第二节　部分少数民族礼仪习俗与禁忌

中华人民共和国成立后，通过识别并经中央政府确认的民族共有56个。由于汉族以外的55个民族与汉族相比人口较少，习惯上被称为“少数民族”。在漫长的历史岁月里，少数民族创造了光辉灿烂、丰富多彩的民族文化，为中华民族的形成和发展做出了不可磨灭的历史贡献。

一、壮族

（一）简介

壮族是中国少数民族中人口最多的一个民族，主要聚居在广西、云南等省，广东连山、贵州从江、湖南江华等地也有分布。

壮族在宋代史籍中称为“撞”、“僮”，新中国成立后称“僮”，1965年改族名为“壮族”。

壮族信仰原始宗教，祭祀祖先，部分人信仰天主教和基督教。铜鼓是壮族最有代表性的民间乐器。壮族以农业为主，驰名中外的三七、蛤蚧和茴油是壮族地区素负盛名的特产。广西的甘蔗产量居全国首位。

（二）礼貌礼节

壮族是一个好客的民族，一家来客，往往几家轮流请吃饭，有时一餐饭吃五六家。招待客人的餐桌上务必备酒，方显隆重。敬酒的习俗为“喝交杯”，其实并不用杯，而是用白瓷汤匙。

客人到家，必以最好饮食接待，对长者和新客尤其热情。用餐时需等最年长的老人入席后才能开饭；长辈未动的菜，晚辈不得先吃；给长辈和客人端茶、盛饭，必须双手捧给，而且不能从客人面前递，也不能从背后递给长辈；先吃完的要逐个对长辈、客人说“慢吃”再离席；晚辈不能落在全桌人之后吃饭；路遇老人，男的要称“公公”，女的则称“奶奶”或“老太太”；遇客人或负重者，要主动让路，若遇负重的长者同行，要主动帮助并送到分手处。

（三）饮食及节日习俗

壮族以大米、玉米为主食，南部多食糯米，无特殊饮食，但有些地方有吃生血的习惯，嗜好烟酒。嚼槟榔是其传统习俗，一些地方以槟榔待客。五色糯米饭是壮族人民喜爱的食品之一，色香味俱全，象征吉祥如意。除了农历三月初三外，社日、中元节，甚至过年等节日，都有人做五色糯米饭吃。

农历三月初三是壮族最隆重的节日。三月初三为上坟扫墓的日子，届时家家户户都要派人携带五色糯米饭、彩蛋等到先祖坟头上去祭祀、清扫墓地，并由长者宣讲家史、族规，共进野餐。还有的对唱山歌，热闹非凡。1940年后，这一传统已逐步发展到有组织的赛歌会，气氛更加隆重、热烈，并成为壮族民俗活动的标志。其他节日食俗也都各有讲究，各具特色，比如中元吃鸭、端午吃粽、重阳吃粑等。

（四）禁忌

壮族人忌讳在农历正月初一这一天杀牲；有的地区青年妇女忌食牛肉和狗肉；妇女生孩子的头三天（有的是头七天）忌讳外人入内；忌讳生孩子后尚

未满月的妇女到他人家里串门。

二、满族

（一）简介

满族主要分布在我国东三省，以辽宁省最多。另外，在内蒙古、河北、山东、新疆等省、自治区以及北京、成都、兰州、福州、银川、西安等大中城市均有少数散居。

满族历史悠久，可追溯到两千多年前的肃慎人，其后裔一直生活在长白山以北、黑龙江中上游、乌苏里江流域。1644 年清军入关，统一了中国，形成满汉长期杂居的局面。辛亥革命后，满洲族改称满族。

满族自古好歌舞，古代舞蹈多由狩猎、战斗活动演化而来。历史上满族男子喜穿青蓝色的长袍马褂，留发梳辫于脑后，戴圆顶帽，下穿套裤。妇女则喜欢穿旗袍，梳京头或“盘髻儿”，戴耳环，腰间挂手帕。满族入关后，其服装逐渐与汉族服装趋于一致，但旗袍却以其独特的魅力流传下来，成为中国妇女的传统服装。

（二）礼貌礼节

满族重礼节。过去，满族人平时见长辈都要行礼。男子一般行“打千”礼，曲右膝，右手沿膝下垂；妇女则向长辈道“万福”，双手扶膝下蹲。平辈亲友相见，不分男女行抱腰接面大礼。

满族人传统的住房一般为西、中、东三间，大门朝南开，西间称西上屋，中间称堂屋，东间称东下屋。西上屋设南、西、北三面炕，西炕为贵，北炕为大，南炕为小，来客住西炕，长辈多住北炕，晚辈住南炕。满族入关后节日与汉族基本相同。

（三）饮食及节日习俗

满族传统主食有饽饽、饽饽（饺子）、秫米水饭、豆干饭、豆糕、酸汤子等，尤其喜欢吃粘食和甜味食品，如饽饽、甜糕等。流传至今的“驴打滚”、“萨其马”是满族传统点心。火锅、全羊席、酱肉是满族人传统吃肉方法。

（四）禁忌

满族人以西为上，室内西炕不得随意坐人和堆放杂物；忌打狗、杀狗和忌食狗肉；忌戴狗皮帽、铺狗皮褥；到满族人家做客忌讳戴狗皮帽或狗皮套袖。

三、回族

（一）简介

回族是中国少数民族中人口较多的民族之一。主要聚居于宁夏回族自治区、甘肃、新疆、青海、河北以及河南、云南、山东等地。回族主要居住在交通沿线的城镇和附近村寨，具有大分散、小聚居的特点。中国最早的回民是公元7世纪时阿拉伯人和波斯人来华经商者的后裔。

回族民间歌曲《花儿》在甘肃、宁夏和青海一带广为流传，其中以甘肃宁夏回族自治区莲花乡每年六月初一至初六的“花儿”盛会规模最大。

（二）礼貌礼节

回族是一个好客而热情的民族，有着“持家从俭，待客要丰”的优良传统，重视待客礼节。家里来了客人，主人要立即起身相迎让座，献上香茶（一般为“五香茶”或“八宝茶”）。送客时，全家人都要一一与客人道别、祝福。平素亲友相逢，互道“色俩目”（即互相问好）之礼。

（三）饮食及节日习俗

回族信仰伊斯兰教，其饮食习俗和《古兰经》有着十分密切的关系。回族饮食以清真为特色。日常饮食以大米和面制品为主粮，喜食牛、羊肉，喜庆之日或节日喜油炸各种面食类制品。其风味食品有油香、馓子等。

回族节日也与宗教信仰有关，主要有开斋节（肉孜节）、古尔邦节（宰牲节）和圣纪节。

（四）禁忌

回族人忌食猪肉、狗肉、马肉、驴肉和骡肉，不吃未经信仰伊斯兰教者宰杀的和自死的畜禽肉，不吃动物的血等；忌讳别人在自己家里吸烟、喝酒；禁用食物开玩笑，也不能用禁食的东西作比喻，禁止在人前袒胸露臂；回族日常饮食很注意卫生，凡有条件的地方，饭前、饭后都要用流动的水洗手，多数回族不抽烟、不饮酒，就餐时，长辈要坐正席，晚辈不能同长辈同坐在炕上，需坐在炕沿或地上的凳子上。另外，舀水、舀饭均不得往外舀。

四、藏族

（一）简介

藏族主要聚居在西藏自治区、青海海北、黄南、果洛、玉树等藏族自治州和海西蒙古族、藏族自治州，甘肃的甘南藏族自治州和天祝藏族自治县，四川阿坝藏族羌族自治州等地。

藏族自称“博巴”，意为农业人群，是最早起源于雅鲁藏布江流域的一个农业部落。两汉时属于西羌人的一支，公元7世纪赞普松赞干布建立王朝，唐宋称其为“吐蕃”，直到康熙年间才称“西藏”，藏族称谓亦由此而来。

藏族信奉大乘佛教。大乘佛教吸收了藏族土著信仰本教的某些仪式和内容，形成具有藏族色彩的“藏传佛教”。藏族对活佛高僧尊为上人，藏语称为喇嘛，故藏传佛教又被称为喇嘛教。藏区经济以畜牧业和农业为主。

（二）礼貌礼节

藏族在迎接客人时除用手蘸酒弹三下外，还要在五谷斗里抓一点青稞，向空中抛撒三次。酒席上，主人端起酒杯先饮一口，然后一饮而尽，主人饮完头杯酒后，大家才能自由饮用。饮茶时，客人必须等主人把茶捧到面前才能伸手接过饮用，否则被认为失礼。吃饭时讲究食不满口，嚼不出声，喝不作响，拣食不越盘。

献哈达是藏族待客规格最高的一种礼仪，以示敬意。哈达是藏语，即纱巾或绸巾，以白色为主，亦有浅蓝色或淡黄色的，一般长1.5米至2米，宽约20厘米。最好的是蓝、黄、白、绿、红五彩哈达，用于规格最高最隆重的仪式，如佛事等。

（三）饮食及节日习俗

藏族的饮食，喜吃青稞面、酥油茶和牛肉、羊肉、奶制品。

藏族节日与宗教信仰有关，主要有藏历年、雪顿节、花灯节、望果节等。

1. 藏历年

藏历年一般从藏历十二月就开始准备，家家都要置办年货，用酥油炸果子。除夕时打扫卫生，在大门上用石灰粉画出象征永恒的符号，表示祝贺吉祥如意。云南的藏族除夕晚餐家家吃面团（类似于饺子），在面团里分别包有石子、辣椒、木炭、羊毛，每一种东西都有不同的意义，比如吃到包石子面团的人，说明在新的一年里他心肠硬；而吃到包羊毛面团的人，表示他心肠软。正月十五，大部分藏区都要进行宗教法会活动。

2. 雪顿节

每年藏历的七月一日，原意为“酸奶宴”，届时家家都要制作大量的酸奶食用，后来又增加了演藏戏的内容。雪顿节很多人都要提酥油桶、茶壶、保温瓶，带上食品到风景优美的地方饮茶喝酒。

（四）禁忌

藏族人忌妇女在炉灶上站立、蹲坐；忌家中佛坛被别人乱摸或随便指问；主人及客人在火塘上首位置就座，只能盘坐或跪坐；忌随便跨越火塘；忌在神龛上放杂物；忌火化尸体；忌妇女外出不披披肩，等等。

五、蒙古族

（一）简介

蒙古族现主要分布在内蒙古自治区，其余分布在新疆、青海、甘肃、辽宁、吉林、黑龙江等省区。蒙古族自称“蒙古”，其意为“永恒之火”，别称“马背上的民族”。

蒙古族早期信仰萨满教，元代以后普遍信仰喇嘛教。首饰、长袍、腰带和靴子是蒙古族服饰的四个主要部分，妇女头上的装饰多用玛瑙、珍珠、金银制成。蒙古族擅长歌舞，民歌分长、短调两种。

（二）礼貌礼节

蒙古族人见面要互致问候。平辈、熟人相见，一般问:“赛拜努（你好）。”若是遇见长者或初次见面的人，则要问：“他赛拜努（您好）。”

款待行路人是蒙古族的传统美德。蒙古族待客十分讲究礼节和规矩，例如吃手扒羊肉时，一般在将羊的琵琶骨带肉配四条长肋送给客人。如果是用牛肉待客，则以一块带肉的脊椎骨加半节肋骨和一段肥肠送给客人。到蒙古族人家里做客必须敬重主人。进入蒙古包后，要盘腿围着炉灶坐在地毡上，但炉西面是主人的居处，主人不上座时不得随便坐。主人敬上的奶茶，客人通常是要喝的，不喝有失礼貌；主人请吃奶制品，客人不要拒绝，如果不便多吃，吃一点也行。

献哈达也是蒙古族的一项高贵礼节。献哈达时，献者躬身双手托着递给对方，受者亦应躬身双手接过或躬身让献者将哈达挂在脖子上，并表示谢意。

（三）饮食及节日习俗

蒙古族的饮食主要是肉食品、奶食品及饮料。随着农业的发展，谷物也成了生活中的主要食品。

“那达慕”大会是蒙古族历史悠久的传统节日，在每年七八月牲畜肥壮时举行，这是人们为了庆祝丰收而举行的文体娱乐大会。“那达慕”，蒙语的意思是“娱乐”或“游戏”。“那达慕”大会上有赛马、摔跤、射箭、棋艺比拼、歌舞欣赏等活动。“那达慕”大会又是农牧物资交易会。

（四）禁忌

蒙古族人骑马、驾车接近蒙古包时忌重骑快行，以免惊动畜群；若门前有火堆或挂有红布条等记号，表示这家有病人或产妇，忌外人进入；客人不能坐西炕，因为西是供佛的方位；忌食自死动物的肉和驴肉、狗肉、白马肉；办丧事时忌红色和白色，办喜事时忌黑色和黄色；禁止在参观寺院经堂、供殿时吸烟、吐痰和乱摸法器、经典、佛像以及高声喧哗，也不得在寺院附近打猎。

六、苗族

（一）简介

苗族主要聚居于贵州省东南部、广西大苗山、海南岛及贵州、湖南、湖北、四川、云南、广西壮族自治区等地的交界地带。苗族历史悠久，在中国古代典籍中，早就有关于五千多年前苗族先民的记载。

苗族地区以农业为主，以狩猎为辅。苗族的挑花、刺绣、织锦、蜡染、剪纸、首饰制作等工艺美术瑰丽多彩，驰名中外，其中苗族的蜡染工艺已有千年历史。苗族服饰多达130余种，可以同世界上任何一个民族的服饰相媲美。

苗族擅长渍麻织布、刺绣、蜡染，工艺精湛，深受赞誉。青年男女喜穿“五色斑衣”，集蜡染、刺绣于一身，绚丽多姿。苗族主要从事农业。过去，狩猎是一项主要的副业，常用弓弩、火枪围猎猎物，实行“隔山打鸟，见者有份”的分配方式。一些苗族同胞信仰民间多神教和基督教。

（二）礼貌礼节

苗族十分注重礼仪。客人来访，必杀鸡宰鸭盛情款待，若是远道而来的贵客，苗族人习惯先请客人饮牛角酒。吃鸡时，鸡头要敬给客人中的长者，鸡腿要赐给年龄最小的客人。有的地方还有分鸡心的习俗，即由家里年龄最大的主人用筷子把鸡心或鸭心拈给客人，但客人不能自己吃掉，必须把鸡心平分给在座的老人。

（三）饮食及节日习俗

苗族以大米、小米和包谷为主食，喜食酸味食品，酸汤鱼是苗族最具代表的民族菜，腌鱼、腌肉、连心鱼、鱼冻、血灌肠、腌菜、咂酒等系列家常菜颇具民族特色。

苗族以能歌善舞而著称，苗族民歌尤其丰富，在每年农历正月初一至初八的花山节（即踩花山），青年男女欢聚一起踩鼓、跳芦笙舞、对歌抒情、寻求配偶，同时举行爬花杆、斗占比赛。

（四）禁忌

在苗族人家做客，切记不能去夹鸡头吃。客人一般也不能夹鸡肝、鸡杂和鸡腿，鸡肝、鸡杂要敬老年妇女，鸡腿则是留给小孩的。当你离开苗族人家时，一定要有礼貌地说声“哇周”，意为“谢谢”，感谢他们对你的盛情款待。忌孩子在家中乱耍小弓箭，恐射中祖先。忌跨小孩头顶，否则就认为孩子长不高。忌妇女与长辈同坐一条长凳。

七、维吾尔族

（一）简介

“维吾尔”是维吾尔族的自称，意为“团结”或“联合”。维吾尔族主要聚居在新疆维吾尔自治区天山以南的喀什、和田一带和阿克苏、库尔勒地区，其余散居在天山以北的伊犁等地，少数居住在湖南桃源、常德等县。

维吾尔族有自己独特的文化艺术，故事集《阿凡提的故事》、音乐舞蹈史诗《十二木卡姆》、维吾尔族舞蹈等闻名中外。维吾尔族传统舞蹈有顶碗舞、大鼓舞、铁环舞、普塔舞等；维吾尔族的民间舞蹈有赛乃姆、夏地亚纳；民间乐器有“达甫（手鼓）”、“都塔尔”和“热瓦普”等。维吾尔族的医学是祖国医学的重要组成部分。

（二）礼貌礼仪

维吾尔族待客和做客都有讲究。路遇长者或宾朋，手按胸部中心，向前倾斜30°；如果来客，全家出迎，尔后女主人托盘端上茶水敬客，要请客人坐在上席，摆上馕、各种糕点、冰糖等，夏天还要摆上一些瓜果，先给客人倒茶水或奶茶。待饭做好后再端上来，如果用手抓饭待客，饭前要提一壶水，请客人洗手，洗后只能用手帕或布擦干，忌讳顺手甩水。吃饭时，长者坐在上席，全家共席而坐，客人不可随便拨弄盘中食物，不可随便到锅灶前去，一般不把食物剩在碗中，同时注意不让饭屑落地，如不慎落地，要拾起来放在自己跟前的“饭单”上。共盘吃手抓饭时，不得将抓起的饭粒再放进盘中。饭毕，由长者领作“都瓦”（一种双手摸脸的祝福），客人不能东张西望或起立。

（三）饮食及节日习俗

维吾尔族以面食为主，喜食牛肉、羊肉。主食的种类有数十种，最常吃的有馕、羊肉抓饭、包子、面条等。日食三餐，早饭吃馕和各种瓜果酱、甜酱，喝奶茶、油茶等，午饭是各类主食，晚饭多是馕、茶或汤面等。维吾尔族喜欢饮茯茶、奶茶，夏季多伴食瓜果。

维吾尔族的节日与伊斯兰教有关，主要有开斋节、古尔邦节、诺鲁孜节。

（四）禁忌

维吾尔族的饮食禁忌与伊斯兰教相同：忌用单手接送礼物；忌穿短裤、短小衣物外出；睡觉时禁头东脚西，禁四肢平伸仰卧；不能在长者就座之前入座；用餐时不要从餐布或主人面前跨过；不要当着主客的面吐痰、擤鼻涕等。

八、土家族

（一）简介

土家族，古代称“巴人”。土家族大部分居住在湖南永顺、龙山、保靖、古丈以及湖北省来凤、利川、鹤峰、咸丰、宜昌一带，自称“毕兹卡”（意为本地人）。

土家族爱唱山歌，有哭嫁歌、摆手歌、劳动歌、盘歌等。传统舞蹈有“摆手舞”、“八宝铜铃舞”及歌舞“茅古斯”。乐器有唢呐、木叶、“咚咚喹”、“打家伙”等。

（二）礼貌礼仪

土家族人注重礼仪，见面要互相问候，家有来客，必盛情款待。土家族平时粗茶淡饭，若有客至，夏天先喝一碗糯米甜酒，冬天就先吃一碗开水泡团馓，再以美酒佳肴待客。一般说请客人吃茶是指吃油茶、阴米或汤圆、荷包蛋等。无论婚丧嫁娶、修房造屋等红白喜事都要置办酒席，一般习惯于每桌七碗、九碗或十一碗菜，但无八碗、十碗，因为八碗桌被称为“吃花子席”，十碗桌的“十”与“石”同音，都被视为对客人不尊，故回避“八”和“十”。

（三）饮食及节日习俗

土家族人在饮食方面喜酸爱辣，善饮酒，爱吃合渣。以大米、玉米为主食，吃包谷饭时，多做成包谷粉子饭，以合渣作菜，既味美易咽，又营养丰富。

“赶年”是土家族规模最隆重、祭祀活动最丰富、民族特色最浓厚的一个节日。土家族过年比汉族要提前一天，若是月大，为腊月二十九；月小，为腊月二十八。若家里有亡人还要再提前一天过年。

（四）禁忌

新娘回门时，忌为娘家扫地，恐将娘家财气扫光。回门之日，新郎吃岳丈家头一餐时，忌将岳丈家特意多盛的一大碗饭吃光，忌将酒杯中事先投入的两粒黄豆（金豆）吃掉，酒后应留在杯中，以免将岳丈家吃穷喝光。回门时，忌新婚夫妇在岳（娘）家同房。

鄂西土家族忌在待客的油茶中打三、四以外数目的鸡蛋，因俗信一个（鸡蛋）为独吞，两个为骂人，五个销五谷，六个是赏禄，七、八、九个则应了“七死八亡九埋”的不吉语，故通常打三个或四个荷包蛋待宾客。

九、彝族

（一）简介

彝族主要分布在云南、四川、贵州三省和广西壮族自治区的西北部。

彝族主要从事农业，畜牧业是副业，手工业生产也相当发达。传统工艺有漆绘、刺绣、银饰、雕刻、绘画等，彝族人能歌善舞，流行的民间集体舞是“跳乐”。

（二）礼貌礼节

彝族民间素有“打羊”、“打牛”的迎宾待客之习。凡有客至，必杀牲待客，并根据来客的身份、亲疏程度分别以牛、羊、猪、鸡等相待。在杀牲之前，要把活牲牵到客人面前，请客人过目后再宰杀，以表示对客人的敬重。酒是敬客的见面礼，在凉山只要客人进屋，主人必先以酒敬客，然后再制作各种菜肴。待客的饭菜以猪膘肥、厚、大为体面。吃饭时，长辈坐上方，晚辈依次围坐在两旁，并为长辈添饭、夹菜、泡汤。

（三）饮食及节日习俗

彝族人以杂粮面、米为主食。午餐以粑粑为主食，备有酒菜。以荞麦面做的粑粑最富有特色。据说荞麦面粑粑有消食、化积、止汗、消炎的功效，并可以久存不变质。贵州女宁荞酥为当地久负盛名的传统小吃。肉食以猪、羊、牛肉为主，主要做成坨坨肉、牛汤锅、羊汤锅等。

火把节是彝族最盛大的传统节日，在每年的农历六月二十四日。届时要杀牛、杀羊，祭献祖先，有的地区也祭土主，相互宴饮，吃坨坨肉，共祝五谷丰登。火把节一般欢度三天，头一天全家欢聚，后两天举办摔跤、赛马、斗牛、竞舟、拔河等丰富多彩的活动，然后举行盛大的篝火晚会，彻夜狂欢。

（四）禁忌

凉山彝区又忌讳17岁以上的女子上楼，如违反，家中要举行“晓补”咒仪，驱除秽气和不吉；忌用脚蹬锅庄石；忌跨过人家火塘；忌孕妇参加婚礼；新房落成后迁入时，忌男主人走在前，否则不利家中人丁兴旺。

十、侗族

（一）简介

侗族主要分布在贵州、湖南、广西三省（区）毗邻的黔东南、玉屏、新晃、通道、芷江以及三江等县。

侗族主要从事农业，以种植水稻为主，特产糯谷，以香禾糯最享盛名。少数人从事林业，在池塘、稻田中养鱼的也很普遍。

侗族地区一向被誉为“诗的家乡，歌的海洋”。侗族诗歌韵律严谨，题材多样，尤以多声部无伴奏的侗族大歌为传统文化最精粹的部分，在文学和音乐方面都有极珍贵的价值。

（二）礼貌礼节

侗族家里来了贵客，通常要拿出最好的苦酒和腌制多年的酸鱼、酸肉及各种酸菜进行款待，因而有“苦酒酸茶待贵客”之说。侗族民间用鸡、鸭待客时，首先主人要把鸡头、鸭头或鸡爪、鸭蹼敬给客人。客人应双手接过，或转敬给席上的长者，以表示主客之间互相尊重，以诚相待。

到侗族家里做客，食用腌鱼时，主人将一堆酸鱼块放入客人碗中，但客人最好不要吃光，留一两块，以表示“有吃有余”。生诞婚丧之日，都要进行不同规模的宴客活动。

（三）饮食及节日习俗

侗族大部分地区日食三餐，也有部分地方有日食四餐之习，即两茶两饭。两茶是指侗族民间特有的油茶。油茶是用茶叶、花、炒花生（或酥黄豆）、糯米饭，加肉或猪下水、盐、葱花等为原料（有的地方还加菠菜、竹篙），制成的汤状稀食，既能解渴，又能充饥，故常称“吃油茶”。

日常蔬菜十分丰富，除鲜食南瓜、苦瓜、韭菜外，大部分蔬菜腌成酸菜，如酸黄瓜、酸萝卜、酸刀豆、酸蕨菜等。侗族日常菜肴以酸味为主，不仅有酸汤，还有用酸汤做成的各种酸菜、酸肉、酸鱼、酸鸡、酸鸭等，相传腌酸菜始于宋代。

侗族传统节日各地日期不一，节日饮食常和宴客活动联系在一起。

(四) 禁忌

侗族人房内供奉祖先的神龛为最神圣之处。一切凶器，甚至棕索，都不准放置其上，否则被视为对神的大不敬，会招致惩罚。寨内举行祭礼活动期间，禁外人入寨，禁忌标志为用斑茅草打四个结，结成“十”字，悬于寨子口处。

十一、朝鲜族

(一) 简介

朝鲜族主要分布在东北的吉林、辽宁和黑龙江三省，少数散居在内蒙古和内地一些城市。

朝鲜族聚居地区是中国北方著名的水稻之乡，也是中国主要的烤烟产区之一。延边黄牛是中国五大地方良种黄牛之一，人参、鹿茸均驰名中外。

朝鲜族以能歌善舞而著称于世。男子喜欢摔跤、踢足球，女子喜欢压跳板和荡秋千。朝鲜舞蹈包括长鼓舞、刀舞、扇舞、巫舞等。

(二) 礼貌礼节

朝鲜族人非常尊重老人，并将农历八月十五日定为“老人节”。晚辈不能在长辈面前喝酒、吸烟；吸烟时，年轻人不得向老人借火，更不能接火，否则便被认为是不敬；途中遇有长者迎面走来，年轻人应恭敬地站立路旁问安并让路；晚辈对长辈说话必须用敬语，平辈之间初次相见也要用敬语。

(三) 饮食及节日习俗

朝鲜族的主食为米饭，用水、用火都十分讲究，做饭用的铁锅，底深、收口、盖严，受热均匀，能焖住气儿，做出的米饭颗粒松软，饭味醇正。一锅一次可以做出质地不同的双层米饭，或多层米饭。各种用大米面做成的片糕、散状糕、发糕、打糕、冷面等也是朝鲜族的日常主食。

朝鲜族的节日与汉族基本相同。此外有三个家庭节日，即婴儿周岁、“回甲节”(六十大寿)、“回婚节”(结婚六十周年纪念日)。朝鲜族一向崇尚礼仪，注重节令。每逢年节和喜庆的日子，饮食更加讲究，所有的菜肴和糕饼，都要用辣椒丝、鸡蛋片、紫菜丝、绿葱丝或松仁米、胡桃仁等加以点缀。

(四) 禁忌

朝鲜族喜食狗肉，但在婚丧与佳节时不吃；忌不尊敬老人；严禁同宗、表亲通婚；忌讳人称“鲜族”。

第三节 港、澳、台地区礼仪习俗与禁忌

香港特别行政区、澳门特别行政区、台湾省同属中华大家庭的一员，但习

俗礼仪却各有特色。随着祖国大陆与港、澳、台地区往来的日趋密切，了解港、澳、台习俗，成为旅游服务人员的一门必修课。

一、香港

（一）简介

香港素有“东方明珠”的美称，是世界金融、贸易和商业中心，也是亚太地区的旅游中心。香港由四个部分组成——香港岛、新界、九龙和离岛。九龙是位于北边港口的半岛，尖沙咀一带是游客聚集的地方。香港岛的面积虽小，仅为78平方公里，却是主要的商业地区，有很多观光旅馆和旅游景点。新界的面积约有980平方公里，相当于香港陆地面积的91%。离岛共包括234个岛屿。

（二）礼貌礼仪

与人见面前先电话预约，到朋友家里做客最好事先准备一些水果点心作为礼物，不要空手拜访别人。

在香港对男士一般称“先生”，对女士称“小姐”，对年纪大的男子可称“阿叔”或“阿伯”，对年长的女子称“阿婶”。

香港人喜欢吉祥号码，电话号码666和888最受欢迎；家庭汽车牌号也争配吉祥号码，以2、3、8最受欢迎，因为它们在粤语中谐音为“易”、“生”、“发”。

（三）饮食及节日习俗

香港为东方饮食文化及西方饮食文化的交汇地，其饮食习惯兼具中餐（主要为粤菜）和西餐的特色，因而被誉为“美食天堂”。

在香港，除了圣诞节、复活节、万圣节、春节、中秋节、重阳节、元宵节、端午节等西洋或中国传统节日之外，还有如太平清醮、谭公诞、车公诞等独具特色的节日。

太平清醮（农历四月初八），又称包山节，是长洲独有的节庆，也是一个极具规模的打醮活动。打醮是一种祭祀，用以酬谢神恩、祈求洁净、赦罪和再生。

谭公诞（农历四月初八）是香港本地的节日之一。谭公是一位海上的守护神，为渔民们带来平安与快乐。谭公诞主要的庆祝活动都在筲箕湾和跑马地举行，届时许多市民会参加巡游活动，烧香膜拜，以纪念当年谭公为居民驱除瘟疫的事迹，场面十分热闹。

车公诞在每年的农历年初三，位于沙田马场附近的车公庙人头攒动、香火鼎盛，各男女善信上香朝拜后多会转动坛前的铜风车，祈求新一年转出好运新机。

（四）禁忌

香港人忌称丈夫或妻子为“爱人”，因为在英语中“爱人”指的是“情人”，所以香港人介绍自己的丈夫或妻子时，称“我的先生”或“我的太太”；忌对中、老年人称“伯父”、“伯母”，而称“伯伯”、“伯娘”，因为“伯父”、“伯母”与“百无”谐音，即一无所有的意思；探望病人或亲友，忌送剑兰、茉莉、梅花，剑兰与“见难”（意为日后难见了）谐音，茉莉和“没利”、“末利”谐音，“梅”与“霉”谐音；在酒家、饭馆用餐，忌对伙计说“炒菜”、“炒饭”，“炒”字有“解雇”（即炒鱿鱼）的意思。为避讳，香港菜馆、酒家的菜谱上则写为“爆××”、“炸××”、“干煎××”、“滑××”或“肉饭”、“叉烧饭”；香港人过年过节从不说“新年快乐”、“节日快乐”，写信也不用“祝您快乐”，因为“快乐”与“快落”（失败、破产的意思）谐音，而说“恭喜发财”、“新年发财”、“万事如意”。

香港饮食业的雇员在店内不能看书，“书”与“输”谐音。香港开设的餐馆最忌第一个光顾餐馆的人点“炒饭”，因“炒”字在香港是“解雇”的意思，开灶就炒，将会不吉利。

香港民间对空手上门的客人称为“香蕉手”，意为两手空空，让人看不起。一般来说，内地居民去香港可以带一些当地的土特产。

二、澳门

（一）简介

澳门是著名的自由港，位于广东珠江三角洲的南端，距香港西南60公里。它由澳门半岛和凼仔岛、路环岛两个离岸小岛组成。

自开埠400多年以来，澳门一直是中国看世界、世界看中国的一扇窗口。这里既有古色古香的中国传统庙宇，又有庄严肃穆的天主教堂，还有世界著名的娱乐场，它以中西文化融合的独特魅力和优越的地理位置，吸引着世界各地的投资商和观光客。

澳门居民96%属于中国血统，外籍人士只占少数。虽然澳门受葡萄牙统治400多年，但是中华文化仍在当地占主导地位，大量中国传统文化习俗都被保留下来，如崇拜关帝、观音、娘妈，以及过农历新年等，都具有浓郁的中国风俗。

（二）节日习俗及禁忌

澳门居民的祖籍以广东——珠海、三乡、中山、南海、番禺、顺德等地以及福建为多，一般居民都保留乡土的习俗。

节日多，可以说是澳门的一个特点。

首先，澳门人保留了过中国的传统节日——农历春节、清明节、端午节、中秋节等的传统。

澳门年俗，别有风情。“谢灶”是澳门保存下来的最传统的中国年俗之一。腊月二十三日送灶神，澳门人谓之“谢灶”。按中国传统，澳门人“谢灶”也用灶糖，说是用糖“堵住”灶神之嘴，免得他到玉帝面前说坏话。

澳门人过年是从腊月二十八日开始的，二十八日在粤语中谐言“易发”，商家老板大多在这天晚上请员工吃“团年饭”，以示财运亨通、吉祥如意。

兴办花市也是澳门的一项年俗，花市上，多桃花、水仙、盆竹、盆橘，花开富贵，竹报平安，鲜花瑞木昭示着新年的美好前程。澳门的花市办三天，这三天给奔波一年的澳门人以无穷的慰藉。

春节这天，澳门人讲究“利市”，“利市”就是红包，在这天，老板见到员工，长辈见到晚辈，甚至已婚人见到未婚人都得“利市”。“利市”纯粹是以示吉利。澳门人把大年初二叫做“开年”。习俗是要吃“开年”饭，这餐饭必备发菜、生菜、鲤鱼，取其生财利路之意。从“开年”这天起，三天内澳门政府允许公务员“博彩”（赌博）。“开年”过后，澳门人又完全回到中国传统的春节习俗中，直至元宵佳节，烟花爆竹，玩龙舞狮，欢天喜地。

其次，除上述中国传统的节日外，西方的一些节日，如情人节、圣诞节、复活节、弥撒、圣母像游行等节日，澳门人也过得有声有色。每逢一些与宗教、习俗有关的节日，如“娘妈诞”、“醉龙醒狮大会”、“圣体耶稣大出游”等，也必举行庆祝活动。如在露天搭起临时戏台，上演粤剧；教堂内举行宗教弥撒及圣像出游，形式多样，充分表现出澳门作为中西文化的桥梁作用。

三、台湾

（一）简介

台湾自古以来就是我国的神圣领土，它位于我国东南海域，东临太平洋，西隔台湾海峡与福建相望，南靠巴士海峡与菲律宾群岛接壤，北向东海。台湾是我国最大的岛屿，也是中国的“多岛之省”。台湾本岛南北长而东西狭。南北最长达394公里、东西最宽为144公里，呈纺锤形。

台湾海峡为中国南北方之间的海上交通要道，是著名的远东海上走廊，战备位置十分重要。

宗教信仰盛行，是台湾民俗的一大特色。台湾民众极为崇拜天妃娘娘和保生大帝，有“出海靠妈祖，安居靠真人”之民谚。台湾寺庙多，大小庙宇7500余座，“妈祖庙”香火最旺，分布十分普遍，现有400余座。

（二）节日习俗及禁忌

台湾民间的传统节庆和祖国大陆大同小异，最重要的节日依次有春节、元宵节、清明节、端午节、七夕节、中秋节、重阳节、冬至、送灶、除夕等。过节形式也和祖国大陆相仿，如春节有走亲访友的拜年习俗；元宵节吃元宵、赛花灯、猜灯谜；端午节吃粽子、赛龙舟；中秋节赏月、吃月饼；重阳节登高远足；除夕阖家团圆等，其中，台湾民俗中最著名的为台南盐水镇的“蜂炮”、平溪十分村的“放天炮”和澎湖的“乞龟”等。

台湾的婚丧习俗方面，与祖国大陆也有类似之处，保持着许多中国传统。不仅同姓不结婚在台湾依旧流行，而且“周、苏、莲”、“陈、胡、姚”、“徐、佘、涂”等各三姓，以及“萧、叶”、“许、柯”等各两姓，也被认为属于同一祖先，同样互不通婚。婚礼仪式虽然逐渐多样化，但人们仍较重视中国的传统婚礼习俗。民间丧葬习俗较为繁琐，充满迷信，从临终、发丧、入殓、居丧到送葬、下葬等有一套传统的做法。至今，台湾民间仍流行土葬，选择墓地重风水。台湾民间还有“捡骨”之俗，俗称“捡风水”，也称“二次葬”，即在第一次丧葬时比较简单，不正式立墓碑，待5～7年后再择吉日开墓，捡拾遗骨，重新正式安葬。在台湾西南沿海，“捡骨”属于一种专门行业。因此在台湾有所谓“九葬九迁，十葬万年”的俗语，即改葬次数愈多愈好。

近半个世纪以来，中国内地与台湾隔海相望，台湾人民思乡心切，寻根情深。近年来到祖国大陆寻根溯源之旅，更出现了空前的增长趋势，不少台湾同胞到祖国大陆旅游的目的就是寻根问祖，通过寻根祭祖来加深对祖国和家乡的了解，了却他们的思乡之情。

【案例】

“狗不理”的尴尬

一个天津人拜师学艺，学会了做“狗不理”包子的绝活。他邀请几个朋友合伙，凑足资金，取得了“狗不理”包子的代理权，到广州去开店，包子店开了几个月，生意很清淡。这位天津人心里很纳闷，对伙伴说：“这么有名的‘狗不理’包子，在其他地方都得排队买，在这里却卖不动，广州人真是不识货。”

为了扩大声誉，他还派遣专人散发传单，并在报纸上登了广告，但收效甚微，最后只得关门了事。

分析：“狗不理”在广州失利的原因是什么？

◎思考题

1. 汉族各种传统节日的礼仪习俗有哪些？汉族有哪些禁忌？

2. 壮族、满族、回族、藏族、蒙古族、苗族、维吾尔族、土家族、彝族、侗族、朝鲜族等民族的禁忌有哪些？

3. 接待香港旅游者时要注意哪些事项？
4. 澳门有哪些习俗及禁忌？
5. 台湾的民间习俗有哪些？

◎实训题

在教师的指导下，结合本地实际情况，做一次某一少数民族礼仪习俗的社会调查。

第十二章　我国主要客源国的礼仪习俗与禁忌

旅游活动区域性广，涉及不同国家、不同地区和不同民族，旅游服务人员必须了解世界各地，尤其是我国主要客源国的礼仪习俗，这样才能更好地开展旅游服务工作，也才能使旅游接待礼节、礼仪达到更高规格。

第一节　亚洲国家和地区的礼仪习俗与禁忌

亚洲位于东半球，面积4400万平方千米，是世界七大洲中面积最大的洲，有40多个国家和地区，亚洲约有40亿人口，是世界三大宗教的发祥地。悠久的历史和灿烂的文化孕育了亚洲各个国家丰富的礼仪习俗，受儒释道精神的影响，亚洲国家的风俗礼仪充满了浓郁的东方色彩。

一、日本

（一）简介

日本位于亚洲东部，是一个岛国。国土面积37.38万平方公里，人口约1.28亿人，99%为大和民族。日本人主要信仰神道教和大乘佛教，也有部分居民信奉基督教新教和天主教。首都为东京，国歌为《君之代》，国花为樱花，国语为日语，货币为日元。日本是全球第二大经济强国。作为“一衣带水”的邻邦，日本是我国最大的旅游客源国之一。

（二）礼仪习俗

日本与我国一衣带水，受汉文化影响较深，至今仍保留着浓厚的中国唐代礼俗。

日本人勤劳刻苦，重礼貌，彬彬有礼，遵时守信，工作和生活节奏快，集体荣誉感强。

鞠躬礼是日本的传统礼节。日常交往中，初次见面时要鞠躬、脱帽、眼睛向下，鞠躬时腰的幅度有大有小，一般在30°～45°之间。但在日常生活和国际交往中，一般是互相握手问好。见面时常说“拜托您了”、“请多关照”等话。日本人对坐姿很有讲究。“榻榻米”上叫“正座”，即双膝并拢跪地，臀部压在脚跟。日本人拜访他人时一般避开清晨、深夜及用餐等时间。拜访日本家庭时要先脱鞋，脱下的鞋整齐放好，鞋尖朝向房门。和服是日本传统的民族服装，多在出席隆重的社交场合或节庆时穿着。

（三）节庆习俗

日本端午、中秋、重阳等节庆方式与中国相似。

日本有自己富有民族特色的传统节日，如成人节、偶人节、樱花节、登山节、七五三节等。每年1月15日是成人节，日本青年年满20岁即为成年，届时女子穿“和服”。3月3日偶人节，也叫桃花节，是女孩子的节日，长辈要给家中女孩送小偶人。3月中旬到4月中旬是樱花节，期间日本各地樱花盛开，男女老少纷纷参加游园赏花活动，饮酒跳舞，迎接春天的到来。7月1日至8月21日是登山节，富士山最为热闹。11月15日的七五三节是一个祭日，凡有5岁男孩和3岁、7岁女孩的人家，一定让孩子身着和服到神社参拜，求神灵保佑孩子健康成长。日本最隆重的节日就是过年。一般从12月13日延续至来年2月8日，过年期间吃年糕、拜年、祭年神、挂年绳，也有给孩子压岁钱的习惯，其活动形式类似中国的过春节。

（四）饮食习惯

由于四面环海，日本人对海味格外青睐，尤其是生蛎肉、生鱼片。日本饮食通常称为料理。主食以大米为主，多搭配海鲜、蔬菜，尚清淡，少油腻。日本人喜欢吃寿司、拉面、铁板烧和用酱、蔬菜、豆腐、香菇、紫菜制成的大酱汤，其中，大酱汤被誉为“母亲的手艺”。

日本人注重茶道，仪式庄重，精于茶道在日本被视为身份、修养的绝好表现。

（五）主要禁忌

日本人讲究餐桌礼仪，单是使用筷子就有八种忌讳：一忌添筷；二忌迷筷；三忌移筷；四忌扭筷；五忌插筷；六忌掏筷；七忌跨筷；八忌剔筷。除此之外，还忌讳用同一双筷子给席上所有人夹取食物。

日本人不喜欢荷花，认为不吉祥，而对于菊花，则认为它是高贵的象征，16瓣的菊花则是皇室专用花饰。

对于数字，日本人普遍对奇数有好感而不喜欢偶数，忌讳的数字有“4”和“9”，因为日语中“4”与“死”、“9”与“苦”发音相似。

日本人忌三人并排合影，认为被夹在中间者会遭遇厄运。

给日本友人寄信时忌倒贴邮票，因为它暗示着断交。

在日本，人们还忌讳把梳子当礼物送人，因为日语中“梳子”和“苦死”谐音，此外，圆珠笔、火柴和广告帽送人也不合时宜。

二、韩国

（一）简介

韩国位于朝鲜半岛的南部。与日本隔海相望，国土面积为9.9万平方公里，人口约5000万。韩国人信仰佛教、基督教和天主教，为单一的朝鲜族，通用朝鲜语。首都为首尔。国歌为《爱国歌》。国花为木槿花。货币为韩元。20世纪后期，韩国一跃成为实现经济腾飞的代表国家，声扬四海。

（二）礼仪习俗

韩国人崇尚礼仪。初次见面时，常以交换名片方式来相识。韩国以长者为尊，若与长辈握手，还要以左手轻置于其右手之上，躬身相握，以示恭敬。韩国人喜欢互相斟酒，对主人所斟之酒拒喝是不礼貌的。用餐时不可先于长者动筷子。男子见面可打招呼，相互行鞠躬礼并握手，而女性见面通常不握手，只行鞠躬礼。

（三）节庆习俗

韩国正月初一过春节，全家人团聚在一起守岁迎新年。正月十五上元节，人人都要喝“耳明酒”、吃“药饭”，就是在米饭里加枣、蜜、栗子等。五月初五端午节，妇女要用菖蒲煎水洗头，用首蒲根削成答子，刻上“福”、“寿”二字以驱邪。八月十五中秋节，白天祭奠祖先，晚上赏月。

（四）饮食习惯

韩国人喜辛辣食物，日常以米饭、冷面为主食，爱吃泡菜、烤牛肉、烧狗肉、人参鸡等，餐具使用汤匙和筷子。

（五）主要禁忌

韩国人迷信生辰八字，婚姻双方的生辰八字不能相克。

对于数字，韩国喜单不喜双，向人敬酒时，力避2、4、6、8等数字，但婚期要择双日，单日意味着过不长久；普遍忌讳数字“4”，因为韩语中“4”与“死”同音。许多楼房的编号严禁出现“4”字，医院、军队绝对不用“4”字编号。

韩国人接东西要用右手，认为“右尊左卑”。逢年过节忌讳说不吉利的话，更不能生气吵架。

三、泰国

（一）简介

泰国位于中南半岛中部，国土面积51.3万平方公里，人口6540万人，是个多民族的国家。泰国有“千佛之国”之称，佛教在泰国政治、经济、文化生活中具有重要影响，男子成年后必须经过三个月至一年的僧侣生活，深受佛教影响，泰国人待人接物恭敬、礼让，享有“微笑之国”的美誉。泰国多大象，敬之如神。国花为睡莲，通用货币为泰铢。

（二）礼仪习俗

泰国人热情友好，总是以微笑迎客，见人用“合十”礼，双手举得越高表示越尊敬对方；晚辈见长辈，要双手合十举过前额，长辈还礼手部可不过胸；朋友相见，一般合十于鼻尖处，稍稍低头。

（三）节庆习俗

泰国的传统节日主要有宋干节、万佛节、水灯节等。宋干节是泰国的新年，有求雨、祈丰收的意义，节日里有很多活动，如浴佛、堆沙、泼水等，其中浴佛最为隆重，泼水最为开心热闹。万佛节是农历三月十五日，善男信女要在清晨到佛寺施斋拜佛。水灯节在泰历十二月十五日，晚上在河里放河灯，场面非常壮美。

泰国人会见客人行“合十礼”

（四）饮食习惯

泰国人喜食辣椒、鱼露，爱吃中国的广东菜和四川菜，泰国人爱喝啤酒、苏打水和白兰地。喝咖啡和红茶时，爱吃小蛋糕和干点心，但不吃香蕉。

（五）主要禁忌

泰国人进寺庙烧香拜佛或参观，不得赤胸露背，衣帽不整，要脱下鞋子，不得踩门槛。忌讳随意给佛像拍照或抚摸佛像。

泰国人认为头神圣不可侵犯，忌讳触摸头部。

泰国人忌讳睡觉时头朝西，因为日落西方象征着死亡。

在泰国，人们忌讳狗、鹤和龟的图案，给泰国人送礼物时要避开这三种动物。

泰国人认为夜间不能开窗户，否则恶神会闯入屋内。

四、菲律宾

（一）简介

菲律宾位于太平洋西部，国土面积 29.9 万平方公里，人口 9401 万人。主要民族是马来族，占 85%。菲律宾盛产水果，有“太平洋的果盘”的美称。全国 85% 以上居民信奉天主教，是亚洲唯一信奉天主教的国家。首都为马尼拉，国花为茉莉花。国语为他加禄语。货币为比索。

（二）礼仪习俗

菲律宾人热情好客，日常见面无论男女均行握手礼，男性有时也拍肩膀以示亲热。菲律宾人时间观念不强，但他们约会还是会按时到场；家庭观念重，交谈时可以谈及他们的家庭。

（三）节庆习俗

菲律宾节日以元旦（1 月 1 日）、独立节（6 月 12 日）最为隆重。每年从 5 月 18 日开始，菲律宾东部民都洛岛的卡拉潘市都要举行一周盛大的“血盟节”，这是一个纪念菲中人民历史上友好交往的节日。

（四）饮食习惯

菲律宾喜用香辣调味品，以大米为主食，副食主要是肉类、海鲜和蔬菜。菲律宾人特别喜欢喝啤酒。

（五）主要禁忌

菲律宾人忌讳用手摸他们的头部和背部，认为触摸头部是对他们的不尊敬，触摸背部会给人带来厄运；忌讳用左手取食，认为左手是不洁之手；忌讳谈论宗教、政治等敏感话题。

五、印度

（一）简介

印度是南亚次大陆的大国，其人口数量居世界第二位。国土面积为297.47万平方公里，人口12亿人。居民多信奉印度教。首都新德里。国歌为《人民的意志》。国花为荷花。英语为官方语言。通用货币为卢比。印度各族人民自称“婆罗多”，意为“月亮”。

（二）礼仪习俗

印度是四大文明古国之一，社交场合人们讲究等级，注重身份。

日常生活中，常用见面礼有三种：一是贴面礼；二是摸脚礼；三是合十礼。其中合十礼最为普遍，当他们迎接贵宾时，双手合十于胸前，主人向客人敬献花环并亲手戴在客人的脖颈上。

印度妇女习惯在两眉中间涂饰一个彩色的圆点，称之为“贡姆贡姆”，即“吉祥点”，“吉祥点”表示女子的婚嫁状况，颜色以红色居多。

（三）节庆习俗

印度的节庆很多。独立节在8月15日，庆祝印度实现独立。“酒红节”也称泼水节，在印历十二月举行。

众多节日中以“屠妊节”最为隆重，它是印历的新年，在印历八月见不到月亮后的第十五天举行（大约公历10月下旬或11月上旬）。

（四）饮食习惯

印度人以米饭为主食，爱吃咖喱及油爆、烤、炸的食物，尤其对中国川菜感兴趣。受英国文化影响，印度人的主要饮料为红茶。

（五）主要禁忌

印度是多民族国家，信奉多种宗教，信奉印度教的人视牛为圣物，故不仅忌食牛肉，而且忌用牛皮做的东西；印度教上层人士食素忌荤，反感喝酒。印度教徒忌讳众人在同一盘中进食，也不吃别人接触过的食物。忌用左手握手和递取东西。忌讳在上了年纪的印度人面前吸烟。

多数印度人不喜欢白色、灰色和黑色，认为白色表示悲哀，黑色、灰色表示消极。

“1”、“3”、“7”不是印度人喜欢的数字，也不喜欢龟、鹤及图案，忌讳弯月图案。

第二节 主要欧洲国家礼俗礼仪与禁忌

欧洲是世界第六大洲，面积1016万平方公里，有45个国家和地区，人口稠密，约7.28亿人。优美的自然风光、深厚的文化底蕴和高度的现代文明共同构成了内涵丰富的欧洲文化。

一、英国

（一）简介

英国位于欧洲西部，面积24.4万平方公里，人口6140万人，是世界上工业革命开展得最早的国家。旅游业相当发达，是我国主要的客源国之一。在英国，85%的居民是英格兰人，多数居民信奉基督教，国歌为《神佑女王》；国花为蔷薇花；国语为英语；货币为英镑。

（二）礼仪习俗

英国人非常矜持与守礼，男人追求绅士风度，女人向往淑女形象，社交中处处体现出“女士优先”的原则。

初次见面，人们握手问好，一般不行拥抱礼。男士进屋要脱帽向主人致意。

英国人爱说“请、谢谢、请原谅”。穿着循规蹈矩，不轻易逾越传统。英国人还习惯低声说话。

（三）节庆习俗

英国国庆和新年之夜最热闹。国庆定在英女王生日那天。除夕之夜全家团聚、举杯畅饮，欢快地唱“辞岁歌”。除夕之夜必须瓶中有酒，盘中有肉，象征着来年富裕有余。

在苏格兰，人们提一块煤炭去拜年，把煤块放在亲友家的炉子里，并说一些吉利话。

（四）饮食习惯

英国人用餐十分讲究。通常每天是四餐：早餐、午餐、午茶餐和晚餐。早餐爱喝麦片粥，还有咸肉、鸡蛋、面包、果酱等。午餐通常在下午一点左右，有各种熟肉、沙拉、面包、饼干、干酪、黄油等。晚餐常作为正餐，有汤、鱼、肉类、蔬菜、布丁、黄油、甜食、水果以及各种酒和咖啡。

英国人进餐时爱喝啤酒、葡萄酒、香槟酒，还喜欢饮威士忌等烈性酒。

英国人爱喝茶，早晨要喝“被窝茶”、午后喝“过午茶”，晚餐后也要喝“晚饭茶”，一般以红茶为主。

（五）主要禁忌

英国人普遍忌讳数字“13”，所以请客时总是避免宾主共13人，重要的活动也不安排在13日，饭店一律没有13号房间。还忌讳"3"，特别忌用打火机或同一根火柴同时为三个人点烟。

英国人认为"星期五"是个不吉祥的日子，如果星期五碰巧又是13日，会被称为"黑色星期五"。

在相聚时，英国人忌交叉握手，忌架起二郎腿；站着交谈，不可背手或手插口袋里。

在英国，忌讳弄撒食盐，被认为是要与朋友断交；吃饭时忌刀叉碰响水杯；忌用人像作商品装饰图案；忌用大象图案，认为大象是蠢笨的象征；把孔雀看做淫鸟、祸鸟，忌送百合花，认为百合花意味着死亡。

二、法国

（一）简介

法国位于欧洲大陆西部，国土面积55.16万平方公里，人口6500万人，90%的居民是法兰西人，法国在日耳曼语中为"自由的"。法国是世界闻名的"奶酪之国"，首都巴黎享有世界"花都"之美誉，旅游资源十分丰富，目前是世界上最大的旅游目的地之一。居民多数信奉天主教。国歌为《马赛曲》。国花为鸢尾花。国语为法语。货币为欧元。

（二）礼仪习俗

法国人十分讲究礼仪，见面礼节有握手、亲吻、拥抱三种方式。两人初次见面一般行握手礼，并互致问候。法国人性格开朗、直率，谈吐风趣，待人热情，乐观向上。

法国人讲究衣着，出入社交场合时都打扮得十分正式。法国巴黎的女子，被认为是世界上最爱美的女性。

法国人的时间观念很强，人们在出席宴会、参加重大活动时从不迟到，也绝不提前，一般都是准时到达。

应邀到法国人家中进餐时，可以送上几束不加捆扎的鲜花，但千万不要送菊花。

（三）节庆习俗

每年2月2日是法国的圣蜡节，这既是一个宗教节日，也是美食节，最受欢迎的食物是鸡蛋饼。

法国最隆重热闹的节日，应属1月1日的元旦，这天，亲友们团聚一起，互赠礼品，共贺新年。除夕之夜，法国人有喝光家中存酒的传统，如有剩酒，视为来年将交厄运。

4月1日的愚人节，最早就起源于法国。

7月14日是法国国庆节，节日期间，巴黎香榭丽舍大道要举行盛大的阅兵仪式和焰火晚会。

（四）饮食习惯

法国菜是世界三大菜系之一，法国大餐被誉为“欧洲之冠”。

法国人喜食蜗牛、蛙腿、牡蛎、鹅肝、奶酪等食品。兔肉、各种肉肠和猪血汤、海鲜品、鱼类、水果也是法国人的最爱。

法国还是名酒白兰地、香槟的故乡，酿酒业闻名遐迩。法国人有“饮酒冠军”的美称。另外，法国人还喜喝咖啡，一般下午四五点或晚餐后喝咖啡。在诸多的饮料中，法国人还非常喜欢喝矿泉水，视矿泉水为生命之水。

（五）主要禁忌

法国人忌送水仙，认为水仙代表“无情”；红色或黄色的花也都是不吉利的颜色；黄色的花还有不忠诚的意思。

关于颜色，法国人忌讳灰绿色，因为这是希特勒法西斯侵略军所穿军服的颜色；也不喜欢紫色，而喜欢天蓝色或淡蓝色。

对于数字，法国人不喜欢“13”，认为不吉祥，但认为“3”代表神圣、幸运、吉祥。

法国人忌吃狗肉和杀狗，认为杀狗会遭七年厄运。忌仙鹤图案，认为它是蠢汉和淫妇的象征。

三、德国

（一）简介

德国位于欧洲中部，面积为35.7万平方公里，人口8237万人，居民多是德意志人，其中一半是基督徒。德国有“啤酒之国”的美称。首都为柏林，国歌为《德意志之歌》，国花为矢车菊，国语为德语，货币为欧元。

（二）礼仪习俗

德国人待人接物严谨矜持，态度诚恳坦率。

德国人的时间观念极强，参加各种活动都准时赴约。见面一般行握手礼。称呼德国人时不要直呼其名，应在称呼前加头衔。德国人重视人情往来，看重礼节。

德国人注重衣冠的整洁，出席各种社交场合时，男士必须穿礼服，女士必须穿长裙。

（三）节庆习俗

德国的传统节日主要有元旦、啤酒节、基尔周节。

1月1日是德国的新年。届时，要举行攀木头比赛，谁攀得快，谁就是“新年英雄”。

“慕尼黑啤酒节”举世闻名，从每年9月的最后一周至10月的第一周，持续半个月，节日期间，人人举杯开怀畅饮。

基尔周节始于一百多年前，初为帆船节，后来增加了各种文艺活动，现已成为国际性的活动周。

（四）饮食习惯

香肠、火腿和面包是德国人离不开的基本食品，德国人一般把午餐看做是正餐，午餐主食是面包、蛋糕、面条、米饭；副食为土豆、鸡鸭、瘦猪肉等。晚餐以吃冷餐为主。

德国菜肴喜清淡、酸甜；不喜欢过于肥腻、辛辣的食品，很多德国人都不喜欢吃羊肉以及鱼等海味食品。

德国人爱喝酒，而且讲究酒与菜的搭配。除了喜欢啤酒外，还常饮葡萄酒。德国人喝啤酒堪称海量，人均啤酒销量居世界第一。

（五）主要禁忌

德国人忌送玫瑰花，而蔷薇、菊花只能在特定场合送。

对于颜色，德国人忌茶色、红色、深蓝色。对礼品包装讲究很多，忌用白色、黑色、咖啡色的包装纸，更不能用丝带作装饰。

德国人忌讳在宴会上谈生意，因为商业机密是不宜在公共场合探讨的。

德国人一般认为黑猫、公羊、仙鹤、孔雀等动物不吉利，所以送礼品也要回避这类图案。

四、俄罗斯

（一）简介

俄罗斯是世界上面积最大的国家，地跨欧、亚两个大洲，面积1707.5万平方公里，人口1.435亿人，其中俄罗斯人占80%，东正教是其国教。首都为莫斯科，国歌为《俄罗斯，我们神圣的祖国》，国花为向日葵，国语为俄语，货币为卢布。

（二）礼仪习俗

俄罗斯人性格开朗、豪放，见面和告别时行握手礼，熟人之间还行拥抱、接吻礼。

俄罗斯人十分好客，有向客人敬献盐和面包的习俗。

俄罗斯人重视礼仪，参加舞会、听音乐会、看歌剧时，男士西装革履，女士则穿上自己最好的衣服。

俄罗斯人酷爱鲜花，平时做客时，可以送鲜花给主人。

（三）节庆习俗

俄罗斯许多节日都与宗教有关，如圣诞节、洗礼节、圣灵降临节、谢肉节、清明节、旧历年等。

圣诞节是俄罗斯最热闹的节日，男人们通宵饮伏特加酒。当电视广播里传出克里姆林宫的12下钟声后，男女老少互祝新年快乐。

洗礼节是俄罗斯东正教节日，在公历1月19日。这一天往往是基督教的入教仪式，新生儿在命名日受洗。

1月18日是占卜日，女孩子在这一天晚上要占卜自己的终身大事。

（四）饮食习惯

俄罗斯人以西餐为主，主食为面包，尤喜黑面包；土豆也是俄罗斯人最喜欢的食物。俄罗斯人爱吃带酸味的食品，菜汤、面包、牛奶要吃酸的；口味一般较咸，油腻较大。喜食牛、羊肉，喜生冷食物，白菜、洋葱、西红柿、萝卜、黄瓜、葛芭、生菜等多是制成"沙拉"或"布丁"。

俄罗斯人酷爱饮酒，尤其是伏特加酒。

俄罗斯民族大多喝红茶，往往还要加糖、加奶。

（五）主要禁忌

俄罗斯人忌讳打碎镜子，因为这意味着灵魂的毁灭，生活将遭遇不幸。而打碎杯子和碗，特别是盘子和碟子，则意味着富贵和幸福。

对于数字，俄罗斯人忌讳"13"和"666"。俄罗斯人赠送鲜花时喜欢选择单数。

俄罗斯有左手主凶的观念，所以握手、递送物品时不可伸出左手，甚至上班、出门离家时，最好左脚不要先迈出门。

第三节　美洲、大洋洲主要国家礼仪习俗与禁忌

一、美国

（一）简介

美国几乎横跨整个北美大陆，仅次于俄罗斯、加拿大和中国，排名第四。国土面积937.26万平方公里，人口3.07亿人。首都为华盛顿，国歌为《星条旗之歌》，国花为玫瑰花，国语为英语，货币为美元。美国是世界经济第一强国，其旅游业居于世界前列，是我国最大的客源国之一。

美国民族众多，有"民族熔炉"之称。居民中，多数是欧洲白人移民的后裔，黑人占13%，还有墨西哥人、阿拉伯人、印第安人、华人等。

美国是一个多信仰国家，在这里基督教、天主教、犹太教和东正教都拥有

大量信徒。

（二）礼仪习俗

美国人性格开朗，举止大方，崇尚个性自由，有时不拘礼节。美国人第一次同他人见面常直呼对方的名字。

美国人热情好客，喜欢在自己家里宴请客人。

美国人穿衣一般比较随便，年轻人常穿牛仔裤。

（三）节庆习俗

每年的7月4日是美国的国庆节或称独立日，圣诞节是大部分美国人比较重视的节日，其他传统节日还有感恩节、母亲节和父亲节。

感恩节在11月的最后一个星期四，是美国人历史最久远的传统节日。每年的这一天都要举行化装游行、戏剧表演和体育比赛，同时一家人围坐在一起，共进烤火鸡、南瓜饼、玉米等传统食品，非常热闹。

（四）饮食习惯

美国人喜欢咸中带甜的菜肴，喜生、冷、清、淡食物。

美国人不爱喝茶，而爱喝冰水和矿泉水、可口可乐、啤酒等，喜欢把威士忌、白兰地等酒类当做平时的饮料；喜喝咖啡。喝饮料喜欢放冰块。

美国人晚餐时，喜欢吃甜点，如蛋糕或冰激凌，然后再喝一杯咖啡。

（五）主要禁忌

同其他西方国家一样，美国人忌讳“13”、“星期五”这些数字。

在美国人眼里，黑色表示不吉利，因此送礼物时忌用黑色纸包装；认为蝙蝠是凶神的象征，忌用蝙蝠作图案的商品、包装品。忌送厚礼，忌问个人收入和财产状况，忌问年龄。

美国人一般对气味很敏感，尤其讨厌大蒜的气味。

二、加拿大

（一）简介

加拿大位于北美洲北部，国土面积998.4万平方公里，人口3300万人。

居民多是欧洲移民的后裔，以英、法血统居多，居民主要信奉天主教和基督教。首都为渥太华，国歌为《啊！加拿大》，国花为枫叶，国语为英语和法语，货币为加元。

加拿大人喜欢现代艺术，酷爱体育运动，尤其是冬季冰雪运动。

（二）礼仪习俗

加拿大人热情好客，讲究礼俗。其礼节大多与英、法两国相近。加拿大是世界上有名的“枫叶之国”。枫叶被加拿大人视为友谊的象征，常用不同形状的枫叶作为纪念品赠送友人。

加拿大人吃葡萄不吐皮也不吐籽，他们认为把葡萄吃到嘴里，再把皮和籽吐出来，是一种不文明的行为。

（三）节庆习俗

加拿大人主要节日有国庆日、枫糖节和冬季狂欢节。

7月1日是国庆日，纪念1867年加拿大联邦诞生。

枫糖节在三四月间，是加拿大人采集糖枫叶、熬制枫糖浆的时节。在这一天，人们不但品尝枫糖糕等传统食品，还要举行精彩的民间歌舞表演。

在魁北克，每年2月前半月都要举行为期10天的、规模隆重的冬季狂欢节，当节日来临时，整个魁北克城披红挂绿，呈现一派欢庆的景象。节日期间举行各种冰雪雕塑比赛和群众性的歌舞表演，除此之外，还有彩车游行、滑冰、滑雪和绘画艺术表演等活动。

（四）饮食习惯

加拿大人口味偏重甜酸，喜欢清淡、不辣的食品；烹调中不用调料，食物上桌后由用餐者自己选择。爱吃炸鱼虾、煎牛排和羊排等。极喜欢吃烤牛排，以见血丝为佳。加拿大人吃肉讲究少而瘦，吃鸡、鸭要去皮，喝牛奶要脱脂，喝咖啡尽量不加糖，喜吃豆制品，比较注重营养的均衡。

不少加拿大人喜欢饮酒，十分喜爱威士忌、红葡萄酒、樱桃白兰地、香槟酒等。

（五）主要禁忌

“13”和“星期五”是加拿大人最忌讳的数字；忌讳黑色和紫色；视白雪为吉祥物，忌讳铲雪；忌食各种动物的内脏。

三、澳大利亚

(一) 简介

澳大利亚是地球上最古老的大陆，国土面积约为769.2万平方公里，人口仅有2023万人。居民多英国及爱尔兰后裔，多数居民信奉基督教。首都为堪培拉，国歌为《澳大利亚，前进》，国花为金合欢花，国语为英语，货币为澳元。

澳大利亚是发达的资本主义国家，被誉为“骑在羊背上的国家”、“坐在矿车上的国家”。

(二) 礼仪习俗

澳大利亚人说话直截了当，办事讲究效率，待人热情诚恳；见面时行握手礼，并直呼其名；善于交际，乐于主动与陌生人交谈，待人随和，具有亲和力。

澳大利亚人的时间观念强，参加聚会时一般都准时赴约。

(三) 节庆习俗

在澳大利亚，主要有圣诞节、国庆日、退伍军人节和节礼日等节日。

12月25日，正值澳大利亚的盛夏季节，商店橱窗里冰雪装饰物、圣诞老人和夏季的流光溢彩，成为澳大利亚圣诞节的特色。

1月26日是澳大利亚的国庆日。

4月25日为退伍军人节，为了纪念在第一次世界大战中死难的澳大利亚官兵，这一天要举行隆重的纪念活动。

12月26日为节礼日，当天人们常常赠送礼物给辛勤奔波的邮递员。

(四) 饮食习惯

澳大利亚人口味喜清淡，不喜辣味，喜欢吃煎蛋、炒蛋、火腿、鱼、虾、牛肉等。喜欢用很多调味品。

澳大利亚人喜欢喝啤酒、葡萄酒，也喜欢茶和咖啡，喝茶加牛奶和糖。

(五) 主要禁忌

澳大利亚人很讲究礼貌，对噪声极其厌恶。

在澳大利亚人眼里，兔子是一种不吉利的动物。他们认为碰到了兔子，可能是厄运降临的预兆。

受基督教的影响，澳大利亚人对于“13”与“星期五”普遍反感。

四、新西兰

(一) 简介

新西兰位于赤道南端，澳大利亚的东南，西临塔斯曼海，东接太平洋，国土面积27.05平方公里，人口428万人，居民的90%为英国移民的后裔，多信奉基督教。首都为惠灵顿。国歌为《上帝保护新西兰》。国花为银蕨。国语为英语。货币为新元。

（二）礼仪习俗

新西兰人见面一般行握手礼，女士先伸出手后才能握手问好。正式场合的称呼是“先生”、“夫人”、“女士”。

若被新西兰人邀请吃晚餐，最好带点小礼物为佳，例如花、酒和巧克力等。

（三）节庆习俗

在新西兰，主要的节日有国庆日（2月6日）、圣诞节（12月25日）。

（四）饮食特点

新西兰人爱吃牛排、薯片、卷心菜、鱼、熏肉这一类传统的食品。

比较具有特色的是毛利人传统的石头火锅（先把薄薄的石头烘热，放入地洞，把包裹好的食物放进去并熏熟），原汁原味，烤香扑鼻。猕猴桃和树茄果等酿制成的果酒、果酱深受人们的喜爱。

新西兰特有的甜点——蛋白蛋糕（把蛋白和鲜奶油放在一起搅拌，然后烘焙，制作好的蛋糕还需点缀一些新鲜水果或浆果），是新西兰的国粹食品。

新西兰人嗜好喝茶，一般每天喝7次茶（早茶、早餐茶、午餐茶、午后茶、下午茶、晚餐茶和晚茶），在学校、工矿企业都有专门的喝茶时间，茶店和茶馆几乎遍及新西兰各地。

（五）主要禁忌

新西兰重视对未成年人的保护，未经孩子的父母同意严禁随便触碰孩子。

新西兰是禁烟国家，所有的公共场所均不准吸烟。谈论种族问题，或将新西兰视为澳大利亚的一部分，都会让新西兰人非常反感。

在旅游服务接待过程中，旅游从业人员要对不同国家、不同地区游客的个性特点加以区分和注意，以礼相待，使他们“高兴而来，满意而归”。

【案例1】

令人遗憾的会面

美国总统约翰逊20世纪60年代曾访问泰国，在受到泰国国王接见时，跷起了二郎腿，脚尖向着泰王，而这种姿势，在泰国是被视为具有侮辱性的。更糟糕的是在告别时，约翰逊竟然用美国得克萨斯的礼节紧紧拥抱了泰国王后。在泰国，除了国王外，任何人均不得触及王后，就因为不注意泰国的风俗礼仪，约翰逊的此次出访产生了不少遗憾。

分析：以本案为例分析泰国有哪些礼仪禁忌？

【案例2】

尴尬的提问

一天，参加工作不久的杨小姐被派到外地出差。在卧铺车厢里，碰到一位来华旅游的美国姑娘。美国姑娘热情地向杨小姐打招呼，使杨小姐觉得不与人家寒暄几句实在显得不够友善，便操着不太流利的英语与对方聊了起来。

交谈中，杨小姐有点没话找话地询问对方："你今年多大岁数呢？"美国姑娘答非所问地说："你猜猜看。"杨小姐自觉没趣，又问道："你这个岁数，一定结婚了吧。"更令杨小姐吃惊的是，对方居然转过头去，再也不理她了。一直到分手，两个人再也没说一句话。

分析：为什么美国姑娘没有搭理杨小姐？

◎思考题

1. 日本人对坐姿有哪些要求？
2. 韩国人的饮食有何特点？
3. 泰国有哪些宗教禁忌？
4. 英国人有哪些礼仪习俗？
5. 法国人见面的礼节有哪些？
6. 与美国人交往要注意哪些礼仪习俗？
7. 加拿大人在冬季狂欢节上要举行哪些活动？

◎实训题

结合本章所学知识，分析我国一个主要客源国的礼仪习俗与禁忌。

第十三章　宗教活动礼仪

宗教早在原始社会就已经存在。作为一种社会行为，它包括宗教指导思想（宗教信仰）、宗教组织（如教会、宗侣）、宗教行动（宗教组织内的活动，如祭祀、礼仪）、宗教文化（宗教建筑、宗教绘画、宗教音乐）等方面的内容。成功的宗教能够为广大民众所接受，并且对某一时代人类的社会发展形成较大的影响。

宗教是一种文化，在旅游活动中，我们要同世界各国各界的朋友交往，他们有着不同的宗教信仰，不同的风俗习惯，还有许多禁忌，旅游服务人员不论是否信仰宗教，都要尊重他们的宗教信仰，不失礼仪。因此，我们应对宗教及其活动礼仪有一定的了解，在旅游工作中争当一名优秀的“文化使者”。

第一节　基督教礼俗

一、基督教简介

基督教是指信奉耶稣基督为救世主的各教派的统称。它起源于公元1世纪初罗马帝国统治下的巴勒斯坦地区，基督教的前身是犹太教。相传，基督教的创始人耶稣奉圣父之命来到人世间拯救人类，后来，由于叛徒犹大的出卖，耶稣在耶路撒冷受难，被罗马总督彼拉多钉死在十字架上。此后人们把十字架作为信奉基督教的标志，耶路撒冷也成了基督教的圣地。

基督教基本教义的主要依据是《圣经》。《圣经》包括《旧约全书》和《新约全书》两个部分。

基督教分为三大教派，即天主教、新教和东正教。其势力遍布全世界，是当今世界上影响最广泛的第一大宗教。基督教各教派虽然是有差异的，但基本教义却是相同的。基督教各派一般都遵循下列基本信条：信仰上帝、信原罪、信“灵魂不灭、末日审判”等。

二、基督教礼俗

在基督教内部，信徒之间可称“平信徒”，指平常普通的信徒，在我国习惯称教友。与教会神职人员相对而言，新教的教徒，可称“弟兄姐妹”或“同道”。对宗教职业人员，因其教派不同，称谓也不尽相同。可按其教职称之，如某主教、某牧师、某神父、某长老等，以示尊敬。

基督教三大教派的宗教仪式不尽相同，天主教和东正教尤其注重宗教仪式，主要表现为七件圣事：

洗礼。洗礼是基督教徒的入教仪式，受洗礼后就可赦免入教者的原罪，并能接受上帝的恩宠和有权领受其他“圣事”。洗礼分“点水礼”和“浸水礼”两种。点水礼是神职人员用一小杯水蘸洒在受洗礼者的额头上，或是蘸水在受洗礼者的额头上画“十”字。天主教多施点水礼。浸水礼是把受洗礼者全身浸没于水中，东正教多施浸水礼。

坚振。坚振也称“坚信礼”，即入教者在接受洗礼后，从主教手中领受圣神，即上帝的第三位（第一位是父，第二位是子）。

告解。俗称“忏悔”，这是信教徒单独向神父或主教告明其所犯的罪过，并表示忏悔，神父或主教对教徒所告诸罪指定补赎方法，或是信教徒向其求解自己的困惑，神父或主教根据情况给予劝慰和指点，并对其内容予以保密。

圣体。新教称为“圣餐”。教徒吃、喝经神父或主教祝祷后的面饼和葡萄酒，象征着吸收了耶稣的血和肉而得到了耶稣的宠光。

婚配。教徒在教堂内，由神职人员主礼，按照教会规定的仪式正式结为夫妻，以求得上帝的祝福。

神品。它是授予神职的一种仪式，主礼者将手按于领受者头上，念诵规定的文句即可成礼。

终缚（缚油礼）。它是指人在重病或年老的时候领受上帝的祝福。

三、基督教主要节庆习俗

由于使用历书的不同，基督教三大教派的节日也不完全一样。从节日内容来说，主要有圣诞节、复活节、受难节、圣灵降临节等。

（一）圣诞节

公历 12 月 25 日为耶稣基督诞生的日子，罗马教会从公元 336 年开始将这一天定为圣诞节。5 世纪中叶以后，圣诞节成为基督教最隆重的节日。随着基督教的广泛传播，圣诞节已从一个纯宗教节日演变成西方国家各个民族一年中最盛大的节日。在西方国家，过圣诞节可以和过新年相提并论。每逢节日来临，人们举行各种庆祝活动，如家人团聚、亲友汇聚、摆圣诞树、送圣诞贺卡、做圣诞食品、吃圣诞大餐、点圣诞烛、唱圣诞颂歌、自扮圣诞老人，孩子们还希望在25日一大早能看到圣诞老人装在袜子里的礼物等。

（二）复活节

复活节是仅次于圣诞节的一个重要节日，是基督教纪念耶稣复活的节日。世界各地的基督徒每年都要进行庆祝。在基督徒看来，复活节还象征着重生和希望。传说耶稣被钉死在十字架上，三天后复活。复活节的意义在于耶稣战胜了死亡，死亡对于信徒们来说并不可怕，基督终会再度降临人世“审判”人类。按规定，每年在教堂庆祝的复活节指的是春分月圆后的第一个星期日，如果月圆那天刚好是星期天，复活节则推迟一星期，因而复活节可能在公历3月21日至4月25日之间。每当复活节来临，所有的基督教教会都要举行隆重的纪念礼拜，此间人们互相赠送象征生命和繁荣的复活节彩蛋，以示庆祝。

（三）受难节

受难节是纪念耶稣受难的节日。《新约全书》记载，耶稣基督在这一天因门徒犹大的出卖，被罗马统治者钉死在耶路撒冷的十字架上。这一天是星期五，而耶稣在死后的第三天复活，所以教会规定受难节在复活节的前两天，教徒在这一天要阅读《福音书》中受难的章节。基督教多数教派都纪念这一节日。

（四）圣灵降临节

圣灵降临节，也称五旬节，是为纪念耶稣复活后差遣圣灵降临而举行的庆祝节日。据《圣经》说，耶稣在复活后第50天差遣“圣灵”降临；门徒领受圣灵，开始布道。据此，教会规定每年复活节后第50天为“圣灵降临节”。

除了以上的节日之外，基督教的主要节日还有：主显节（公历1月6日）、耶稣升天节（复活节后的第40天）、圣枝主日（复活节前一周的星期日）、圣三主日（圣灵降临后的星期日）、万圣节（公历11月1日）等。

四、基督教禁忌

不准制作或跪拜别的偶像和神，唯一崇拜上帝。

不准偷盗，不准谋杀人命，不准奸淫，不准作伪证害人，不准贪恋他人妻女财产。

基督教徒都忌讳“13”这个数字和“星期五”。据《圣经》记载，耶稣被钉死在十字架的这一天正是13日、星期五，而在被处死前的最后一次晚餐恰恰也是在星期五进行的，共进最后晚餐的为13人。所以，对基督教徒来说，“13”和“星期五”是不吉利的。

相传耶稣开始传教前在旷野守斋祈祷40昼夜，为纪念这一事件，基督教把复活节前的40天规定为斋戒节。在节日期间一般于星期五守大斋（禁食）、小斋（禁食肉、禁食动物血液）。禁食时忌讳脸上带着愁容，忌讳举行婚礼和参加非宗教的娱乐活动。

需要注意的是，在不同的国家和地区，基督教徒的礼仪禁忌也不完全一样。例如，印度的基督教徒忌讳在晚上举行婚礼。

第二节 伊斯兰教礼俗

一、伊斯兰教简介

公元571年，位于西南亚的阿拉伯半岛上诞生了穆罕默德。公元610年，穆罕默德奉安拉的旨意开始复兴和传播伊斯兰教。伊斯兰教传入我国是在公元651年，迄今已有1300多年的历史。在阿拉伯文中，“伊斯兰”是具有“和平”和“顺从”含义的词语。凡是信仰伊斯兰教的人就称为“穆斯林”（指顺服真主安拉意志的人）。伊斯兰教虽然创立较晚，但其传播和发展却很快，成为仅次于基督教的世界性三大宗教之一，有的国家还把它定为国教。

中国也称伊斯兰教为回教、清真教。公元7世纪中叶传入我国后，广泛流传于回族、维吾尔族、哈萨克族、乌孜别克族、塔塔尔族、塔吉克族、东乡族、保安族等十多个民族之中，教徒主要分布在我国的宁夏、青海、甘肃、新疆、陕西等省、自治区，其余散布在全国各地。伊斯兰教的经典是《古兰经》和《圣训》。伊斯兰教的教义主要有“六大信仰”：信安拉，信使者，信天使，信经典（《古兰经》），信前定，信后世。

伊斯兰教内教派很多，但主要是两大教派：逊尼派和什叶派。在中国，大多数逊尼派被称作老教。目前，伊斯兰教国家和穆斯林人民在国际政治、经济、文化生活中发挥着日益重要的作用。

二、伊斯兰教礼俗

穆斯林信徒受伊斯兰教教规的约束，有着自己独特的礼仪习俗。

（一）伊斯兰教称谓和见面礼节

伊斯兰教注重称谓。穆斯林之间无论在什么地方不论职位的高低都互相称兄弟，对宗教领袖、教长，尊称为伊玛目；对主持清真寺教务者，尊称为阿訇；对讲授《古兰经》的教职人员，尊称为经师。伊斯兰教注重人际交往，十分重视见面礼仪。穆斯林相见时有互答祝安词的礼俗，称作“色兰”，意为“平安”之意。此俗已经沿袭了上千年，至今也无多大变化。

（二）五功

伊斯兰教教规要求穆斯林要尊奉“五功”，这是穆斯林的宗教功课，更是穆斯林的宗教义务，“五功”即念功、拜功、斋功、课功和朝功，中国穆斯林简称为“念”、“礼”、“斋”、“课”、“朝”五件天命，以此作为宗教的基石和戒条，履行五功体现了个人对真主全能的承认。

念功。念功为口头表白信仰纲领：除了真主，别无神灵；穆罕默德，是真主使者。穆斯林要经常口诵此证言，以坚定信仰。

礼拜。有每日破晓、正午、下午、日落和夜间的五次礼拜，称为晨礼、晌礼、晡礼、昏礼、宵礼。每星期五正午后的公共礼拜，称为聚礼，俗称“主麻”。每年开斋节、宰牲节各有一次会礼。礼拜时要保持宗教礼仪的洁净，朝向西方麦加，按教法规定完成不同的拜数。

斋戒。即每年伊斯兰教教历的九月斋戒一个月，自黎明至日落禁止饮食一天，这样持续一个月。老人、病人、孕妇等可以免斋或补斋。

天课。是教法规定的施舍。穆斯林的财产超过规定限额时，均应按一定税率缴纳，主要用于接济贫困的穆斯林兄弟和寺里的日常开支。

朝觐。是在经济条件和安全许可时，凡理智健全、身体健康的穆斯林，一生中应在伊斯兰教历 12 月 1 日至 10 日赴麦加朝觐一次，参加一系列集体进行的宗教仪式。没有条件的履行者，可委托他人代朝，以示对真主的虔诚之心。

三、伊斯兰教节庆习俗

伊斯兰教的主要节日有开斋节、古尔邦节和圣纪节。

（一）开斋节

在我国新疆地区，开斋节又称“肉孜节”，这是波斯语“芦茨”的转音，也是“斋戒”的意思。具体时间是伊斯兰教教历的 10 月 1 日。所谓开斋节，就是穆斯林们封了一个月的斋以后，庆祝斋功胜利完成的日子。教法经规定每个穆斯林在开斋节这一天必须完成两件瓦吉布（当然）的课功：一是交付一定数额的开斋税，若按实物即半升小麦或一升枣子（一升相当于 3.6 公斤），折合成现金交付也可以；二是举行开斋节的拜功。

开斋节是伊斯兰教重要的节日，全世界的穆斯林都很重视这个节日。伊斯兰教规定在会礼前有几件事需要做到，如忙吃一物（表示开斋），沐浴、刷牙，穿最洁美的衣服，去清真寺时低念赞词，会礼前交开斋税等。当日上午，穆斯林群众去清真寺举行会礼仪式等庆祝活动，然后互祝节日快乐幸福，一般家庭都备有各种佳肴宴请宾朋，互相赠送。

（二）古尔邦节

“古尔邦节”又称“宰牲节”，时间是在伊斯兰教教历的 12 月 10 日，即朝觐者在麦加活动的最后一天。“宰牲节”，顾名思义，宰牲成了这一节日的主要课功之一，去朝觐的人宰牲，不去朝觐的人在家里有条件的也要宰牲。对穆斯林来说，“古尔邦节”是幸福的日子。节前，要清扫庭院。过节时，人们要沐浴盛装，到清真寺举行礼拜，祝贺节日。节日期间，亲友互相拜访。客人来访，主人要摆出筵席热情款待。

(三) 圣纪节

亦称“圣忌节”，为伊斯兰教的三大节日之一。是伊斯兰教的复兴者，也是最后一位使者穆罕默德的诞辰纪念日。

“穆圣”在世的时候和去世后相当长的一段时间内，阿拉伯人和各国穆斯林还没有庆祝“圣纪”这个仪式，只是有一些人自发地到“穆圣”的出生地和墓地觐谒诵经求吉利。这种纪念的形式被后来的人们继承下来而且有所发展。到了伊斯兰教第 7 世纪时，由艾卜赛仪德正式把 3 月 12 日这一天定为“圣纪”，通称为“圣会”。一般的纪念方式主要是举行各种形式的聚会，讲解“穆圣”的历史及其伟大功绩，宣扬“穆圣”高尚的品格等，同时诵读《古兰经》及各种赞词。

四、伊斯兰教禁忌

忌食猪、狗、驴、骡等动物以及自然死亡的牲畜。

忌用动物的形象作为装饰图案。

给信奉伊斯兰教的人送礼，忌送带有动物形象的东西。

虔诚的穆斯林是不喝酒、不沾酒，也不卖酒的，因此，在请穆斯林做客时，不要摆酒，也不要敬酒。

忌用左手向穆斯林递送食品或用具，也避免用左手与他们握手。在与穆斯林的交往中，不要主动与穆斯林的女性行握手礼，更不得向她们注目。

在每年的伊斯兰教教历的 9 月进入斋戒。斋戒时，每日从日出到日落禁止饮食。

忌男女当众拥抱接吻，妇女在陌生人面前要戴面纱。不戴面纱的妇女忌进清真寺。

穆斯林每天要做五次祈祷，在祈祷期间，忌外来人表示不耐烦与干扰祈祷的样子。同时，穆斯林在礼拜时，必须净身，清真寺内严禁穿鞋进入。

穆斯林殡葬要从速从简，不用任何陪葬物，不用棺材，而只用洁净的白布包裹遗体，必须诵《古兰经》送亡人下葬。

第三节 佛教礼俗

一、佛教简介

佛教起源于公元前 6 世纪至公元前 5 世纪古印度的迦毗卫国（今尼泊尔南

部），创始人是释迦族的王子乔达摩·悉达多（乔达摩为姓）。佛教信徒们尊称他为“释迦牟尼”，意为“释迦族的圣人”。佛教向北传入中亚，包括中国、蒙古、朝鲜、日本等；向南传入斯里兰卡、缅甸、泰国、柬埔寨、老挝、越南；而印度本土的佛教却由于伊斯兰教的传入和印度教的复兴而逐渐衰落。佛教在西汉哀帝元寿元年（公元前2年）传入我国后，不断与我国儒家的宗法思想交融，从而得以广泛的传播和发展，形成了五台山、普陀山、峨眉山和九华山四大佛教圣地。

二、佛教礼俗

（一）佛教弟子称谓

佛教的教制、教职，各国不尽相同；受戒律等级不同，称谓也不完全一致。受过十戒（年满7岁以上至20岁以下所受）的男子称“沙弥”，女子称“沙弥尼”。出家受过具足戒（年满20岁举行仪式所受）的僧男称“比丘”（和尚），僧女称“比丘尼”（尼姑）。出家的佛教徒一律姓“释”，而不可再用原姓。由于普通人不太容易弄清僧尼们的职务，难以按照其职务来称呼，因此习惯上就统称僧尼为法师或师太。僧尼出家后都被授予法名和戒名。

在我国的寺院中，主要负责人称“住持”或称“方丈”，负责处理寺院内部事务的称“监寺”，负责对外联系的称“知客”，对他们可尊称为“高僧”、“长老”以及上面所说的“法师”和“大师”。

凡出家的佛教徒必须剃去须发，披上袈裟，称为“剃披”。

（二）佛教见面礼节

与僧人行礼，最合适的是行合十礼，又称合掌。双手合拢，手指、掌心左右相对，置于胸前，以此表示敬意。佛教里不兴握手，所以不要主动与僧人握手，更不可以与出家的尼姑握手。

合十礼又分为跪合十礼、蹲合十礼、站合十礼三类。

（三）四威仪

“四威仪”是指佛教徒应时时保持良好的威仪德相，即行如风、住（即站）如松、坐如钟、卧如弓。

（四）戒律

皈依佛门的人，无论在家出家，为了发慈悲心，增长功德，都必须严格遵守佛教的各种清规戒律，如“五戒”、“十戒”等。

五戒，即不杀生、不偷盗、不奸淫、不饮酒、不妄语。

十戒，即不杀生、不盗窃、不邪淫、不妄语、不饮酒、不歌舞观听、不用化妆品、不坐高广大床、不非时食、不蓄金银财宝。

（五）顶礼

顶礼是向佛、菩萨或上座行的礼。行礼时双膝跪下，在前额上方合双掌，再收掌至胸前，合掌前拜，身体贴着地面前扑，此时头、膝、肘触地，然后起身一遍一遍地重复，以示向佛朝拜，又称为“五体投地”。一般有原地和前行两种，前行的又叫“磕长头”，这种礼佛的形式在藏传佛教中最为普遍。

（六）南无（音那摩）

南无是佛教徒表达一心皈依佛门的致敬词。常加在佛、菩萨名或经典题名之前，以表示对佛、法的尊敬和虔信。“南无”的意思是“皈依、归敬”，如口念“南无阿弥陀佛”，以示对佛的尊敬和崇朝。

（七）课功

佛教的仪式有早课与晚课，称之为课功。出家的僧尼朝暮吟诵，是寺庙里每天必修的仪式。

（八）过堂

是僧侣们就餐前的一种仪式。在过堂时，住持坐在饭堂正中的法座上，众僧分坐两边。在过堂中，僧尼们首先要进行“五观”，即思念食物来之不易；反省自己的德行有无亏缺；防止产生贪食美色的念头；把饮食只是作为疗饥的药；只为修道业而饮食。

三、佛教节庆习俗

（一）佛诞节（又称浴佛节、泼水节、花节）

佛诞节是纪念释迦牟尼诞生的节日，也是佛教最重要的节日。在我国汉族地区，佛教徒们以每年农历四月初八为佛诞日；藏传佛教则以农历四月十五日为佛诞节；日本以四月初八为佛诞节；在泰国，佛诞节称“宋干节”，时间为公历 4 月 13—15 日；在一些东南亚国家和我国西南的傣族地区，又将这一节日称作“泼水节”，定在清明节后的 10 天。在佛诞节里，主要活动有浴佛、斋会、放生等。浴佛即信徒们为佛像掸尘，并以香水灌洗。

（二）涅槃节

在东南亚一些国家，把释迦牟尼诞生、成道、涅槃三个节日并在一起，时间定为四五月的月圆日，称为“吠舍法节”。1954 年在缅甸仰光召开的世界佛教徒联谊会上，将农历二月十五日定为“世界佛陀日”，作为纪念释迦牟尼逝世的节日。在节日期间，一些盛行佛教的国家要举行全国性的大规模庆祝活动，尤其是在东南亚佛教国家，该节成为重要的传统节日。

（三）成道节

是纪念释迦牟尼成道的节日，时间为每年农历的十二月初八（腊八节）。届时寺院举行诵经会，并以米加入八种干果等煮粥供佛同时施与众僧侣和信徒们，俗称“腊八粥”。民间腊月初八吃“腊八粥”庆祝丰收的习俗即源于此。

(四) 盂兰盆节

是佛教为追荐祖先而进行的重要活动，中国民间俗称“中元节”、“鬼节”等，时间为每年农历七月十五日。民间受其影响，也在此时祭祖，祈祷冥福。按照规定，节日期间，佛教寺院要举行诵经法会、水陆道场、放烟火、放灯等宗教活动。

四、佛教禁忌

佛教的禁忌主要表现在两个方面：一是针对僧人和僧团的；二是针对在家修行者的。佛教的禁忌，是以佛教事业的兴盛和佛教的根本教义得到弘扬为目的的。佛教自传入中国后，同各地的民俗、文化相融合，形成不同的禁忌。下面介绍的是佛教的一部分禁忌。

中国佛教的禁忌一方面来自于佛教本身的戒律仪规；另一方面也受到中国本土传统民间风俗的影响。除上述的“五戒”、“十戒”之外，在旅游接待和服务中，还必须了解和掌握以下佛教禁忌：

在佛教看来，以怨报怨，怨恨非但不能冰消瓦解，反而会越结越深，因此佛教忌以怨报怨。

佛教徒认为佛寺是清净的圣地，进入寺庙时应衣着整齐，举止得当；不得高声喧哗或是随意评头论足；寺院内一般禁止拍照，尤其是在寺院内举行仪式时，未经许可不得拍照；非经寺中执事同意，参观者不可进入僧人寮房（宿舍）和不开放的坛口。

如果要问僧尼的法名，不能询问“尊姓大名”，可以问：“法师上下如何？”或：“法师法号如何？”

在日本，有佛事的祭祀膳桌上忌供带有腥味的食品，同时忌食牛肉。忌妇女接触寺庙里的和尚，忌妇女送东西给和尚。

东南亚地区的教徒们遵守“过午不食戒”。按照佛制，比丘们每日仅吃一餐，后来也有进两餐的，但必须在午前用毕，过午（11：00～13：00）就不能进食。虽然现在这一戒律在有些地区已经有所改变，但是为佛教徒安排用餐还是应当考虑时间是否适当，过午是否进食，要尊重其意愿。

在老挝，佛教徒守持五戒，一般不吃素，只禁食人、象、虎、豹、狮、马、狗、蛇、猫、龟十种肉。午后除病僧外，一般忌食用要嘴嚼的食品。

在缅甸，佛教徒忌活物，持放生与不杀生的习俗。忌穿鞋进入佛堂与一切神圣的地方。他们认为制鞋用的是皮革，是杀生所得，并且鞋子穿在脚上，踩踏地面，是肮脏的物品，若穿鞋进入佛堂，会玷污圣地，受到报应。

在泰国，佛教徒最忌讳别人摸他们的头，即使是大人对小孩的抚爱也严忌去摸孩子的头顶，因为按照传统的佛俗，头部为最高贵的部位，抚摸或其他有关接触别人头部的动作都是对别人的极大侮辱。同时还忌讳在佛祖面前说轻率的话。

佛教徒购买佛饰时忌说“购买”，只能用“尊请”之类的词，否则会被视为对佛祖的不敬。

在中国，佛教忌别人随意触摸佛像、经书、钟鼓以及活佛的身体、佩戴的念珠等被视为“圣物”的法器。

第四节 道教礼俗

一、道教简介

道教是中国土生土长的宗教。它来源于古代的民间巫术和神仙方术，又将《老子》、《庄子》加以引申，形成了以长生成仙为根本宗旨的道教教义。此后，它又吸收了儒家、阴阳家、佛教等成分，经过南北朝时期和宋元时期两次大的发展演变，形成一个有丰富内容的庞大的宗教体系。道教崇奉老子为教祖，以《道德经》为其经典。其根本信仰是“道”，认为“道”是天地万物之母，又是万物演化的规律。“道”既有超自然的力量，又具有人格；认为人立善德，修道德，长生久视，能修炼成仙。鲁迅先生曾说过：“中国的根柢全在道教。”道教对我国古代社会的政治制度、学术思想、宗教信仰、文学艺术、医药科学、民风民俗等方面产生过重要的影响。

道教在其发展过程中形成了全真道、正一道两大派。

道教主要流传在汉族地区，但在白、羌、苗等少数民族地区也有流传，并已传播到了东南亚和北美、欧洲的华人社会中。

二、道教礼俗

（一）道教称谓

道教中，对信奉道教教义、修习道术的专职道教徒称“道士”、“道人”。出家的道士，一般尊称为“道长”。道长又称“黄冠”、“羽客”，女道士一般尊称为“女冠”，也可据其道职尊称宗师、方丈、住持、法师、知客等。对在家信仰道教的信徒称居士、门徒或弟子。

（二）道教见面礼节

道士不论是与同道还是与外客相见时，习惯于双手抱拳在胸前，以拱手为揖礼，向对方问好致敬，这是道教的传统礼俗。后辈教徒见到前辈时，可行鞠躬礼或跪拜礼。各派的跪拜礼略有不同，一般以师承为训。

非宗教人士遇到道士，既可行拱手礼，也可行握手礼，对道士可以冠以姓，称其“王道长”、“李道长”，或称“王法师”、“李法师”。

（三）诵经

诵经是道教的主要宗教活动，道士每天早晚都要诵经。上殿时要穿戴整齐，禁谈笑，起居作息一律按道观内的清规执行。

（四）过斋堂

指道教信徒吃饭。开饭时要打梆集合，道士们要衣帽整齐地排成两队进入饭厅，每人一碗饭、一碗菜。饭前念《供养经》，饭后念《结斋经》，吃饭时不准讲话，碗筷不要有响动。

（五）道场

这是一种为善男信女祈福、禳灾、超度亡灵而设的宗教活动。道教的斋醮道场分为祈祷道场和度亡道场。凡参加道场的信众，均要斋戒沐浴，诚心祈祷，服装整洁，随同跪拜。祈祷时要默念“消灾延寿天尊”；度亡时要默念“太乙救苦天尊”。

三、道教节庆习俗

道教信奉的神仙众多，每逢这些神仙的诞辰日就是道教的节日。每逢节日，各个道观都要举行比较隆重的仪式，进行设坛、诵经、礼忏等活动，道观周围也自然成为经济、文化活动聚集的庙会集市，相沿成习，成为我国民间代代相传的民俗。

（一）蟠桃会

相传农历三月初三为西王母诞辰日，这一天西王母举行盛宴，以蟠桃为主食，宴请众仙，众仙赶来为她祝寿，称为蟠桃会。蟠桃会是盛大而庄严的，神仙们在蟠桃会上要注意行为举止，否则很容易被严厉惩罚。例如，根据《西游记》记载，卷帘大将（沙和尚）仅仅因为在蟠桃会上失手打破一个酒杯，就被罚落凡间；而天蓬元帅（猪八戒）则因为酒后骚扰蟾宫的嫦娥，被罚转世到凡间，并且因失误转为猪身。“天上蟠桃会，地上三月三”，道教于每年此日举行盛会以为纪念。

（二）玉皇圣诞

又称作“天诞”，时间为农历正月初九，传说这一天是玉皇大帝的诞生日。玉皇大帝被尊奉为众神之主，是总管三界、十方、四生、六道一切祸福的崇高天神。每逢玉皇大帝的诞辰，道观必定举办隆重的道场，诵《玉皇经》，拜《玉皇忏》，上《玉皇表》，祈祷风调雨顺，五谷丰登，国泰民安，道门兴隆。

（三）老君圣诞

每年农历的二月十五日，是道教所奉的教主老子的诞辰日。由于道教把老子尊称为“太上老君”，因此称作“老君圣诞”。后世道观于每年此日必作道场，诵《道德真经》，以示纪念。

（四）吕祖诞辰

是纪念道教所奉的“八仙”之一的神仙吕洞宾诞生的日子。相传唐德宗贞元十四年（798 年）四月十四日，众人见一白鹤，自天而降，飞入吕母房中。当时吕母正在睡觉，也梦到了这一情形，惊醒之后，生下吕洞宾。后世道观于每年此日必举行斋醮，以示纪念。

四、道教禁忌

道教禁忌是在中国古代民间禁忌和原始道教信仰的基础上逐渐形成的。无论参访道门，还是旅游观光，均应注意道门礼仪和其中的禁忌。

同道士打招呼，不能用佛教的“合十”礼仪，而要用“拱手”礼。

忌问道士生辰和年龄，因为道士追求长生成仙，悦生恶死。

进入道观，应当衣冠整齐，注重形仪，不可光身赤脚，也不可高声喧哗，拍照应遵从规定。

禁止向北便溺、理发、唾骂、脱衣等，因为道教有《五斗经》，特别重视北斗，禁止向北做污秽的事，这是出于对北斗的崇奉与神化。

道教徒在吃斋、诵经和静坐时，他人不得打扰，作为道士不能应声而起。吃斋、诵经、静坐等都是道士修心养性的方式，故不应打扰。

此外，还有不杀生、不偷盗、不邪淫、不妄语、不酒肉；勿与别人同坐、勿视死看生、勿嗔怒、勿悲哀、勿见血，等等。戒条多达上千条，凡是出家的道士，都要受戒，遵守道规。

《中华人民共和国宪法》规定：公民有信仰宗教的自由，国家保护正常的宗教活动。因此，对于旅游服务人员来说，对待宗教的正确态度就是要遵守我国宪法的规定，正确把握我国的宗教政策，尊重教徒的宗教信仰以及各种禁忌，不干涉正常的宗教活动，对于外宾的宗教信仰更不能评头论足。

随着对外开放的深入和扩大，旅游服务、接待工作要接触来自世界各地的客人，了解、熟悉并掌握有关宗教方面的基本知识、礼仪和禁忌，将有利于维护和加强祖国各民族的团结，促进祖国统一；有利于我们了解世界各地宾客的宗教信仰和习俗，把旅游服务、接待工作做得更贴切、更周到，加深与各国人民和海外同胞交往的情谊；有利于旅游企业参与广泛的国际交流与沟通，从而促进我国旅游业的发展。

【案例】

楼层风波

20世纪80年代，一批美国客人来我国访问，由某部门负责接待。接待人员十分热情周到地到酒店为客人安排好了房间，于晚间把客人送到了酒店。可客人们拿到房牌之后，一部分人十分不满意，要求立即退房，场面一时很不愉快。原来，这部分人是基督徒，忌讳13这个数字，接待员不了解这一情况，刚好把他们安排在了13楼。幸好酒店尚有空房，接待人员立即为客人们调换了房间，避免了一场风波。

分析：通过以上案例，分析学习宗教礼仪对于旅游服务、接待工作的重要意义。

◎思考题

1. 基督教的禁忌有哪些？试举例说明。
2. 佛教的禁忌有哪些？试举例说明。
3. 伊斯兰教的“五功”是什么？
4. 伊斯兰教的主要禁忌有哪些？
5. 道教的节庆习俗有哪些？

◎实训题

结合当地情况，做一次关于某种宗教禁忌的社会调查。

附录1 世界一些主要国家的国花名称

国家	国花	国家	国花
中国	牡丹	英国	蔷薇
俄罗斯	向日葵	意大利	雏菊
日本	樱花	荷兰	郁金香
法国	鸢尾花	澳大利亚	金合欢花
德国	矢车菊	美国	玫瑰
加拿大	枫叶	巴西	卡特兰
新西兰	银蕨	墨西哥	仙人掌
瑞士	也得怀	圣马力诺	仙客来
坦桑尼亚	丁香花	西班牙	石榴
希腊	橄榄花	新加坡	万代兰
智利	百合花	韩国	木槿花
朝鲜	杜鹃	印度	荷花
阿根廷	赛波花（象牙红）	阿联酋	孔雀草
阿扎尼亚	卜若地	埃及、柬埔寨、泰国	睡莲
埃塞俄比亚	马蹄莲	爱尔兰	白花酢浆草
奥地利	火绒草（雪绒花）	菲律宾、巴基斯坦	茉莉
比利时	虞美人	波兰	三色堇
丹麦	冬青	芬兰	铃兰
挪威	欧石楠	瑞典	欧洲白蜡
哥斯达黎加	卡特兰	古巴	姜花
洪都拉斯、摩洛哥	香石竹	南非	匍匐卜若地
尼泊尔	红杜鹃	柬埔寨	水仙
津巴布韦	嘉兰	老挝	鸡蛋花
马达加斯加	旅人蕉	马来西亚	扶桑
缅甸	龙船花	摩纳哥	石竹

附录2　结婚纪念日别称

第一年纸婚，最初结合薄如纸。

第二年杨婚，像杨树叶子一样飘动。

第三年皮革婚，开始有点韧性。

第四年丝婚，紧紧地缠住了。

第五年木婚，已经硬化起来了。

第六年铁婚，夫妇感情牢固如铁。

第七年铜婚，比铁更坚韧，且不易生锈。

第八年陶器婚，如陶器一样坚硬美丽。

第九年柳婚，像垂柳那样，风吹雨打不会折。

第十年锡婚，像锡器一样柔韧，不易跌破。

第十一年钢婚，不会生锈，比铜铁还坚硬。

第十二年链婚，像铁链一样，紧扣链锁。

第十三年花边婚，不但坚韧，并且很美。

第十四年象牙婚，时间越久，越晶透美丽。

第十五年水晶婚，透明晶莹而光彩夺目。

第二十年瓷婚，光滑无瑕，但需不让它跌地。

第二十五年银婚，已有恒久价值，是婚后第一个大庆典。

第三十年珍珠婚，像珍珠般的浑圆、珍贵，使人艳羡。

第三十五年珊瑚婚，嫣红而宝贵，更为生色。

第四十年红宝石婚，名贵难得。

第四十五年蓝宝石婚，比红宝石更名贵、更值钱。

第五十年金婚，这是婚后的第二个大庆典，通常都已儿孙满堂。

第五十五年翡翠婚，如翡翠玉石，是无价之宝。

第六十年钻石婚，这可以说是人生中极其珍贵稀罕的，亦为夫妇间最隆重的庆典。

附录3 世界时差对照表

世界时差对照表

世界时（格林尼治标准时）中午12时

与世界一些城市当地时间对照表

序号	城　市	国　名	时间
1	北　京	中　国	20：00
2	旧金山	美　国	4：00
3	墨西哥城	墨西哥	6：00
4	危地马拉城	危地马拉	6：00
5	哈瓦那	古　巴	7：00
6	巴拿马城	巴拿马	7：00
7	利　马	秘　鲁	7：00
8	纽　约	美　国	7：00
9	加拉加斯	委内瑞拉	7：30
10	圣地亚哥	智　利	8：00
11	布宜诺斯艾利斯	阿根廷	9：00
12	伦　敦	英　国	12：00
13	达喀尔	塞内加尔	12：00
14	阿尔及尔	阿尔及利亚	12：00
15	地拉那	阿尔巴尼亚	13：00
16	维也纳	奥地利	13：00
17	华　沙	波　兰	13：00
18	罗　马	意大利	13：00
19	布拉格	捷　克	13：00
20	巴　黎	法　国	13：00
21	日内瓦	瑞　士	13：00
22	布达佩斯	匈牙利	13：00

续表

世界时（格林尼治标准时）中午12时
与世界一些城市当地时间对照表

序号	城　市	国　名	时间
23	柏　林	德　国	13：00
24	索菲亚	保加利亚	14：00
25	大马士革	叙利亚	14：00
26	安卡拉	土耳其	14：00
27	开　罗	埃　及	14：00
28	开普敦	南　非	14：00
29	布加勒斯特	罗马尼亚	14：00
30	赫尔辛基	芬　兰	14：00
31	巴格达	伊拉克	15：00
32	内罗毕	肯尼亚	15：00
33	莫斯科	俄罗斯	15：00
34	德黑兰	伊　朗	15：00
35	卡拉奇	巴基斯坦	17：00
36	科伦坡	斯里兰卡	17：30
37	新德里	印　度	17：30
38	孟　买	印　度	17：30
39	达　卡	孟加拉	18：00
40	仰　光	缅　甸	18：30
41	金　边	柬埔寨	19：00
42	河　内	越　南	19：00
43	乌兰巴托	蒙　古	19：00
44	雅加达	印度尼西亚	19：30
45	新加坡	新加坡	19：30
46	马尼拉	菲律宾	20：00
47	伊尔库茨克	俄罗斯	20：00
48	平　壤	朝　鲜	21：00
49	东　京	日　本	21：00
50	大　阪	日　本	21：00

附录4　日本“办事员礼仪一百条”

上班

第一条　切忌上班前最后几分钟闯进工作场所

有人说：“提前三十分钟上班，你定能出人头地。”连续好几天在上班前最后几分钟闯进工作场所的办事员是不合格的。

第二条　服饰整洁

应穿上便于工作、与工作环境协调的整洁服装，千万别穿与众不同的过于特别的服装。

第三条　问好

早晨大家都应互相问候“早上好”，在半路上遇到同事别一声不吭。

第四条　对上司问好

不必谄媚，但是别忘了精神饱满而响亮地问个“早上好”——上司一定会心情舒畅的。

第五条　迟到时的道歉

不要先为迟到辩解，直率地道歉：“我迟到了，真对不起。”被问及迟到原因的时候，应说明类似电车发生故障或身体不佳等原委。

第六条　缺勤时的礼仪

事先知道要缺勤时，应在前一天得到上司的应允。突然因事故缺勤也应在上班之前用电话进行联系，不能不打招呼就缺勤。

工作

第七条　主动打扫卫生

自己科里的卫生扫除不要互相推诿而应主动进行，那种被动地打扫，花了同样的气力还会让人皱眉。

第八条　主动泡茶

虽说男女平等，然而比起很不情愿地去泡茶的人来说，能够主动泡茶，把温暖的感觉捎给同事的人是贤明的。

第九条　整理办公桌

办公桌老是弄得乱糟糟的人是没有资格当办事员的，这样会使人觉得这个人的工作也像他的办公桌一样杂乱无章。

第十条 切忌擅自借用他人用品

有人爱擅自借用别人的办公用品，长时间使用后就作为自己的了，这种人应该想想如果别人也这样用你的东西时的情况，不能遵守这一条的人是不合格的办事员。

第十一条 记录纸与削笔盒

清理好的办公桌上应备上记录纸和放铅笔屑的盒子，工作忙的时候作些记录很有用，削笔盒的准备也很重要。

第十二条 因地制宜

以我为主和自以为是在办公室里是行不通的，应该按照办公室的情况摈弃自己各种不适宜工作的习惯，这里也用得上“入乡随俗”这句古谚语。

第十三条 严格按日程执行计划

今天的事拖到明天去做的办事员要不得。应严格按照日程执行计划，自己要主动找工作做，老是让工作来找他的人不可能做出成绩。

第十四条 按分工做事

不要插手他人分管的工作，帮别人干是可以的，但不可揽取。

第十五条 合作第一的精神

企业规模越大，合作就越重要，企业的工作是大家合作进行的，只有不忘记这一点，工作才能正常运转。

第十六条 麻利地处理一切事务

对工作不要挑挑拣拣，自己分到的工作，无论干什么都应热情对待，麻利地加以处理。

第十七条 不要随便放弃工作

让我干这种工作？真是太没劲了！这样随便放弃工作是不行的。无论做什么事情都努力争取最好成绩，这对人成长极为有益。

第十八条 工作时切忌聊天

有人说用瞎聊天来消磨工作时间的人是偷盗工资，这话不无道理，应慎而待之。

第十九条 做唯命是从的人

在接待顾客的时候，要做唯命是从的人。要常想着“顾客是对的”，这就是礼仪。

第二十条 私事莫劳下属

应该让这个最明白不过的道理付诸行动，这也是公私分明的一个标准。

第二十一条 个人不使用公司的信笺

否则，会被人因此误解为“这是个公私不分的家伙”。

第二十二条　外出写明去处

外出时应把去处和回公司的时间写明，也许你不在时会出现什么急事。

第二十三条　访问其他公司时

访问前要领会要办的事并查阅好资料，以便令人满意地回答对方的提问。否则，不光你会出丑，你的公司也会被指责为“疏失”。

第二十四条　正确使用名片

(1) 如果是公司职员，初次见面时自己应先拿出名片。

(2) 对来公司指名会客的人可不必送给名片。

(3) 持介绍信访问时，应在传达室或大门口把介绍信和名片一起交门卫才符合礼仪，到了客厅再出示名片是违反礼仪的。

(4) 就是访问过数次的人，只要对方看上去忘了自己的名字，就要再送一张。

(5) 数人一起访问时，先由代表送上自己的名片，并说明“共有几名前来拜访”，待会见时，再向主任介绍其他职员，被介绍到的职员在此时递上各自的名片。

第二十五条　工作报告

工作报告必须打给顶头上司，报告要直截了当、简洁、提纲挈领。上司想听你个人想法和意见时应该陈述。

第二十六条　非女性风格

该说的话不明说，一副谨小慎微的样子，在背地里悄悄发牢骚。请不要把这误当做“女性风格”，这与真正的女性风格是背道而驰的。

第二十七条　如何微笑的秘诀

听说好莱坞女演员这样练习微笑：她们把对着镜子念“Cheese”时的口型当做最佳笑容时的唇形练习。美丽的笑容是女性魅力的发源处，是美好仪态的基础。

第二十八条　打哈欠、哼小调

这是疲软松弛的证据，必须克服。

第二十九条　不要在人背后张望

在人背后张望是最大的不礼貌。

第三十条　不要胡乱用外语

有的人在谈话中爱乱用外语，对方听不懂而妨碍交谈，再说，这种半生不熟的外语只会遭人耻笑——说明他无能。

第三十一条　缺乏风度的男性

与女性站着说话时，有的男性爱把双手插在裤袋里，与其说这是傲慢，还不如说是缺乏风度，这种男性会成为女性轻蔑的对象。

第三十二条 上楼让男性先走

上楼梯时应让男性先走。女性先上，容易让下面的人看到裙内内裤。

第三十三条 在狭窄的走廊上

在狭窄的走廊上迎面走过时，要稍稍转身子并向对方点头示意。

第三十四条 化妆扑粉应去盥洗室

有人在工作时就在办公室里扑粉化妆，这是禁止的。这样会使别人认为你是个生活散漫的人，而且你公司也会被人认为是纪律松散的企业。因此，化妆扑粉之类的事应到盥洗室去做。

第三十五条 别当着人面摆弄头发

在办公室摆弄你的头发，会使人感到你的品格低于街上的无教养女人，应好自为之。

第三十六条 女性上厕所不应超过三十分钟

不仅如此，而且一天要上多次，这样的人不知要为公司做些什么工作。因此，容易被辞退工作。

第三十七条 不要当着人面重穿袜子

当长袜松下时应去洗手间重穿。

第三十八条 使用厕所后

使用厕所后应冲洗干净。女性注意了这一点，自然会受到男性的尊重。

第三十九条 禁止谈论个人

把别人家庭中发生的事当做议论话题是坏习惯。一点也不要去议论个人话题，女性尤其要切记。

第四十条 下班溜之大吉的妻子

下班后争分夺秒地溜之大吉，去为丈夫服务——作为妻子的急切心情可以理解。不过，还是稍慢一点，要注意别影响那些独身主义者的情绪，使他们变得焦躁不安。

上司

第四十一条 在上司面前

在上司面前应目不斜视，正确站立，不要战战兢兢点头哈腰，要安静地听取吩咐。接到任务，应复述确认一遍。

第四十二条 善于克制忍耐的职员

克制忍耐并不是要小聪明，而是一种避免感情冲突的谦虚表现。善于克制忍耐的人，会给呵斥的一方留下极好的印象，反而会受到上司的器重。

第四十三条 坦率地认错道歉

受到批评指责时，当场进行巧妙的辩解往往只会取得适得其反的效果。受到指责时应该平静地、坦率地认错，改日有机会再加以说明，如果自己完全没理，应表示歉意后退下。

第四十四条　不要委屈哭泣

女性遭到上司批评后，往往会委屈、哭泣，作不成为辩解的辩解，应予杜绝，因为这样只能暴露自己的固执和卑俗，对自己极为不利。

第四十五条　接受上司任务时

接受上司委派的任务时，不要当场询问要去的地方的详细地理情况，而应在事后由自己去查明。

第四十六条　乘电梯时

乘电梯时，看到上司或来宾应退后相让。装作不认识地抢先冲进去使电梯内拥挤的做法实在不可取。

第四十七条　下达任务时

下达任务时的说明应该简明易懂，同时提示应适当，这是上司对下属职员的礼仪。

第四十八条　说一句“辛苦了”

工作完成时上司认真地听取汇报，并说一句“辛苦了”以示慰问。这句话将对下属人员产生很大的鼓励作用。

同事

第四十九条　与任何人亲密合作的协调性

只顾自己兢兢业业埋头工作，而不管他人——那么，那个地方的工作是不会协调得很好的。

第五十条　不要只顾自己讲

谚语说：“会说的人会听。”只顾自己讲自己的事，不让人家发言，这并不是会说话，除了口干舌燥之外一定别无他获。

第五十一条　充分听取他人意见

工作上与同事意见不一致的事情经常发生，不要固执己见，如能充分听取对方意见往往会出人意料地找到共同点，在任何场合下都需要这种气度。

第五十二条　努力寻找妥协点

为阐明意见分歧的理由应该马上进行交谈，但是同时应该心胸开阔，努力发现和尊重对方任何一点可信赖之处。这样就可以找到妥协点。分歧实在无法消除时，也不要说不负责任的话。

第五十三条　与同事发生争执时

现代企业里，职员要在协商的基础上共同努力，做好工作，不过，工作中与同事意见分歧也是常有的事，这时，应该考虑如何协调。双方都不要固执己见。首先，充分听取对方的意见，让对方直截了当地说出自己的想法，听者应认真地全部听完，然后再把自己的想法谨慎地、有趣地、冷静地告诉对方。

第五十四条　不要喋喋不休

有的女性激动起来会歇斯底里地喋喋不休，说个没完，这样就谈不上交换意见了，只会让人冠以“不明事理的女人”、“不可救药的女人”的帽子。

第五十五条　对方情绪激动时

对方情绪激动时，自己也跟着激动，如果一时找不到妥协点就不必勉强，可等待下一个机会。同时也反省一下，这种摩擦是什么时候产生的？产生摩擦大致有以下几种情况：

（1）思维方式不同；

（2）为人的方法不同；

（3）时间造成的矛盾；

（4）物质利益的不同。

该怎么处理呢？要设法使双方的见解一致，也就是说，双方都要站在对方的立场上设身处地地思考问题。

第五十六条　切忌争抢功名

争抢功名的心理是卑贱的。堂堂正正地尽忠职守，建功立业，这才是男子汉的本色。

第五十七条　不要独占功名

不要错误地只想抢功名，大大方方地谦让功名才是有度量的人。

第五十八条　注意尊重前辈

无论多少亲密的关系，对前辈的说话和态度都应掌握分寸。此外，无论前辈多么喜欢你，也千万别过分亲昵，这是不礼貌的。

第五十九条　大学生应如何工作

“大学毕业生吃香”，女性中早就有人这样认为。那么，大学毕业生该怎么工作呢？对他们来说，重要的不是工作本身，而是工作的外表名称。无论拿到什么工作，有的人总有意见。这种虚荣心强又缺少自觉性的人，是不可能完成责任心强的大事的。所谓工作，根据每个人的热情大小或许会变得崇高，或许会变得渺小，这点不该忘却。

第六十条　不要感情用事

女职员之间凡事爱先感情用事，还没查实的事就怒不可遏地对人贬低、诅咒、哭泣，这样做实际上毫无益处。一个只知道泄私愤的人是会失去别人的好感和支持的。

第六十一条　不要道听途说、传播谣言

有些人对同事的服装、男朋友，甚至家里发生的事一概感兴趣，还非得加些自己的分析和意见；还有人就像小广播那样，听到一些事立刻又跑去传给别人，这就叫低级趣味。

第六十二条　不随意转借他人之物

同事之间有人爱毫无顾忌地把他人之物拿来就用，只消说“借我一下”或“我借了”，似乎人家理所当然地非借他不可似的。还有的一借不还，被借人不催讨就永远不还。

第六十三条　同事之间的金钱借贷

借钱这件事应该十分留神，借了就要还。“那家伙真无耻，借了一百元就不还了”，要避免落下这种令人极不愉快的话柄。同事提出借钱要求时，有时很难拒绝，但是，在有充分理由必须拒绝的时候应该加以拒绝。

第六十四条　切忌妄自尊大

即使在很多同事中只有你被提拔，地位高了，也不要认为这是个人力量所致，而应该感到这是同事们很配合、合作的结果，不要忘了谦虚待人。否则，你就会从这一天起指挥失灵，会遭到扶持你上台的同事对你的背弃。

待人接物

第六十五条　起立、离席接待来宾

接待来访者时应起立、离席，听取对方的来意。

第六十六条　接待来客应热情、和蔼

冷冰冰地接待来客会影响公司的名声，无论何时都要想到自己是公司的代表，要热情、和蔼地接待来客。

第六十七条　必须双手递接名片

没有比用一只手拿着名片应付式地看看更不礼貌的了，应该双手递接名片，遇到有念不上来的名字时，可问：“真对不起，您的名字怎么念？”

第六十八条　处理事务麻利、迅速

正确理解来客要办的事，麻利、迅速地加以处理，不怕麻烦，热情、迅速，这是接待工作的座右铭。

第六十九条　不卑、不亢

（1）不卑；

（2）不亢；

（3）热情、和蔼；

（4）充满诚意；

（5）迅速、准确。

第七十条　如何对待来访者的同伴

来客有同伴时，应请同伴在合适的地方等待，要注意别对同伴失礼。

第七十一条　为来客引路

为来客引路行走到走廊上时，不要走在来客的正前方用背对着来客，而应该靠边一点走。

第七十二条　为下雨天来访的客人送行

来客离去时要问一下他遗忘了什么东西没有，帮助来客穿上大衣，递上撑好的伞。

第七十三条　引来客到接待室

来客所带的东西和衣帽应该放在适当的地方或固定的地方保管。应立刻准备好烟灰缸和茶点，并与来客想见的人联系。

第七十四条　快速上茶

上茶时要注意不要把有缺口和裂纹的茶碗拿出来使用。

第七十五条　茶水温度七十度

太烫和太凉的茶水都起不到招待的作用，只会引起来客的不快。茶水合适的温度为七十度，浓淡适中，沏入茶碗七分满。

第七十六条　沏茶方法

同样的来客中应从身份高的开始沏茶水，如不明身份，则应从上席者处开始沏起。在客人还未沏完时，不要给本公司的人沏。

第七十七条　在没有放茶盘的地方

应用左手托着茶盘，右手送茶。

第七十八条　如何上咖啡

上咖啡时，要把咖啡杯放在托盘里，杯里放上调羹，双手托盘。咖啡杯的杯柄和调羹柄应向着客人的右边，有西式点心时应备好叉子。

第七十九条　进屋必须敲门

进客人所在的房间时应轻轻敲门，待听到回答时才进房间。

第八十条　不要点头哈腰

对来客的接待必须热情和蔼，但不要频频鞠躬、点头哈腰，这样会显得过分卑屈，很不雅观。

第八十一条　视线留在对方的鼻唇处

对谈的时候不看对方的脸，不仅看上去显得不大方，商谈也无法顺利进行。视线可停留在对方的鼻唇处，这个角度最自然、最美好。

第八十二条　不要双手叉在胸前听人说话

即便对方是自己同事以下身份的人，双手交叉在胸前听人说话也是很不礼貌的行为，尤其是嘴衔香烟、双手交叉在前胸的姿势必须抛弃。

电话

第八十三条　电话铃响后马上接

即使是别的办公桌上的电话铃响后，也不要劈头先说“喂，喂”，而应该先说“这儿是××公司”。不要让电话铃久响不接。

第八十四条　自己打电话时

打电话之前先把内容要点写下，在心里作好整理，电话接通后不要吞吞吐吐，丢三落四，要讲明确，使对方颇得要领。

第八十五条　别让对方拿着电话久等

非得让对方等待时，要声明“真对不起，请稍候”、“让您久等了”，然后接着说。要让对方久等时，中间应多次打招呼才礼貌。

第八十六条　以柔克刚

对方讲话粗野、脾气很大时，不要同样以粗野话回敬。应有以柔克刚的涵养，否则，就不是一个好的办事员。

第八十七条　打私人电话要简短

特别是给恋人打电话时要简洁明了，别引起他人的反感，打电话前应事先准备好要说的话。

第八十八条　对上司的称呼

当对方的电话中问：“科长先生在吗?”“××先生在吗?”即使这个人是自己的上司，只要是本公司的，回答时不要称先生，可回答说：“××现在外出了。”“科长正在开会。”

恋爱

第八十九条　与同一单位的同事恋爱不要公开

工作场所毕竟是工作的地方，并非恋爱场所。那种“办公室里的男女交际是恋爱的前提”、“恋爱准备阶段”的想法是错误的。倘若已建立了恋爱关系，那么，在工作场所你们只是同事而不应是恋人。

第九十条　男、女性交往保持一定距离

同一工作场所的男女交往要和谐，又要保持一定的距离，男女之间的关系“既远又近”，十分微妙，所以有必要这样做，这种做法体现了男女交往中的光明磊落。

第九十一条　与特定异性的交际

与某一特定异性的交往常常会变成错误的根源。即使你没有那种想法，可对方会否误会你无法了解，同时，这可能产生各种流言。因此还是通过小组活动的形式寻找男女交流情感的机会对双方都有好处。

第九十二条　不窃窃私语

男女职员在办公桌上用手撑着脸颊，或者倚在椅子上窃窃私语，这可算得上是一种旁若无人的行为，它会影响公司的形象，如果他（她）们是恋人，那就更不成体统了。

第九十三条　男朋友来访时

男友来时，不要扔下工作飞跑而去，这只会使人觉得你是个浅薄的女人。要镇静，宁可让男友等一会儿，也不要让同事在背后对你指点议论。要整理好桌上的东西后再起身。

第九十四条　不要无节制纵情狂欢

在公司举办的新年宴会、慰问旅行中不要不讲礼仪开怀痛饮，不要无节制纵情狂欢。一醉方休是野蛮的习惯，死命给女职工灌酒的行为最低下。

第九十五条　欢乐之时不忘适度

有的女职员心想，反正一年只一次，大量酗酒，但这只会遭人蔑视。喝酒、唱歌、狂欢之时重要的是别忘了适度。情投意合的男女千万不要离开大伙儿去单独作乐。

下班

第九十六条　别老注意时钟

从下班前30分钟起便一个劲地看着钟心神不宁是不雅观的。只有那些不去注意时钟始终埋头工作的人，才会得到人们的肯定。

第九十七条　下班时应向上司打招呼

自己比上司早下班时，一定要向上司告辞：“我先走了。”

第九十八条　下班时的告别语

应向同事们高兴地话别：“一天平安无事，十分感谢，今天我很愉快。”认为这种话别是奇妙的想法是错误的。

第九十九条　下班之后不要对公司的事妄加议论

有些人一下班，便在与同事回家的途中或在咖啡馆里，对公司的事滥加议论，这应注意防止。公司的事在公司说，大家都不应把精力消耗在这样的夸夸其谈之中。

参考文献

金正昆：《服务礼仪教程》，中国人民大学出版社 1999 年版。

田文燕、张震浩：《顾客服务的艺术·服务礼仪》，中国经济出版社 2005 年版。

陆永庆、王春林、郑旭华：《旅游交际礼仪》，东北财经大学出版社 2000 年版。

张四成：《现代饭店礼貌礼仪》，广东旅游出版社 1996 年版。

赵关印：《现代礼仪基础》，气象出版社 2001 年版。

黄海燕、王培英：《旅游服务礼仪》，南开大学出版社 2006 年版。

杨军、陶犁：《旅游公关礼仪》，云南大学出版社 2001 年版。

艾建玲：《旅游礼仪教程》，湖南大学出版社 2006 年版。

吴宝华：《礼貌礼节》，高等教育出版社 2003 年版。

陈刚平：《旅游社交礼仪》，旅游教育出版社 2006 年版。

林成意、帅学华：《现代礼仪修养教程》，浙江大学出版社 2006 年版。

舒伯阳：《旅游实用礼貌礼仪》，南开大学出版社 2001 年版。

国英：《现代礼仪》，机械工业出版社 2003 年版。

刘国柱：《现代商务礼仪》，电子工业出版社 2005 年版。

范荧：《国际礼仪指导》，学林出版社 2007 年版。

国家旅游局人事劳动教育司：《导游知识专题》，中国旅游出版社 2004 年版。

徐永森：《名人交际失误》，中国经济出版社 1994 年版。

李荣建、宋和平：《社交礼仪》，武汉大学出版社 2005 年版。

熊卫平：《现代公关礼仪》，高等教育出版社 2004 年版。

陈传康：《现代旅游礼仪》，青岛出版社 2000 年版。

未来之舟：《礼仪手册》，海洋出版社 2005 年版。

鄢向荣：《旅游服务礼仪》，北京交通大学出版社 2006 年版。

麻美英：《现代服务礼仪》，浙江大学出版社 2005 年版。

李嘉珊：《旅游接待礼仪》，中国人民大学出版社 2006 年版。

董晓峰：《康乐部服务与管理》，东北财经大学出版社 2002 年版。

周裕新：《公关礼仪艺术》，同济大学出版社 2004 年版。
赵景卓：《现代服务礼仪》，中国物资出版社 2007 年版。
赵景卓：《公关礼仪》，中国财经出版社 1998 年版。
教育博士网，www. bossedu. com。
吉祥如意网，http：//ppfree. cn。

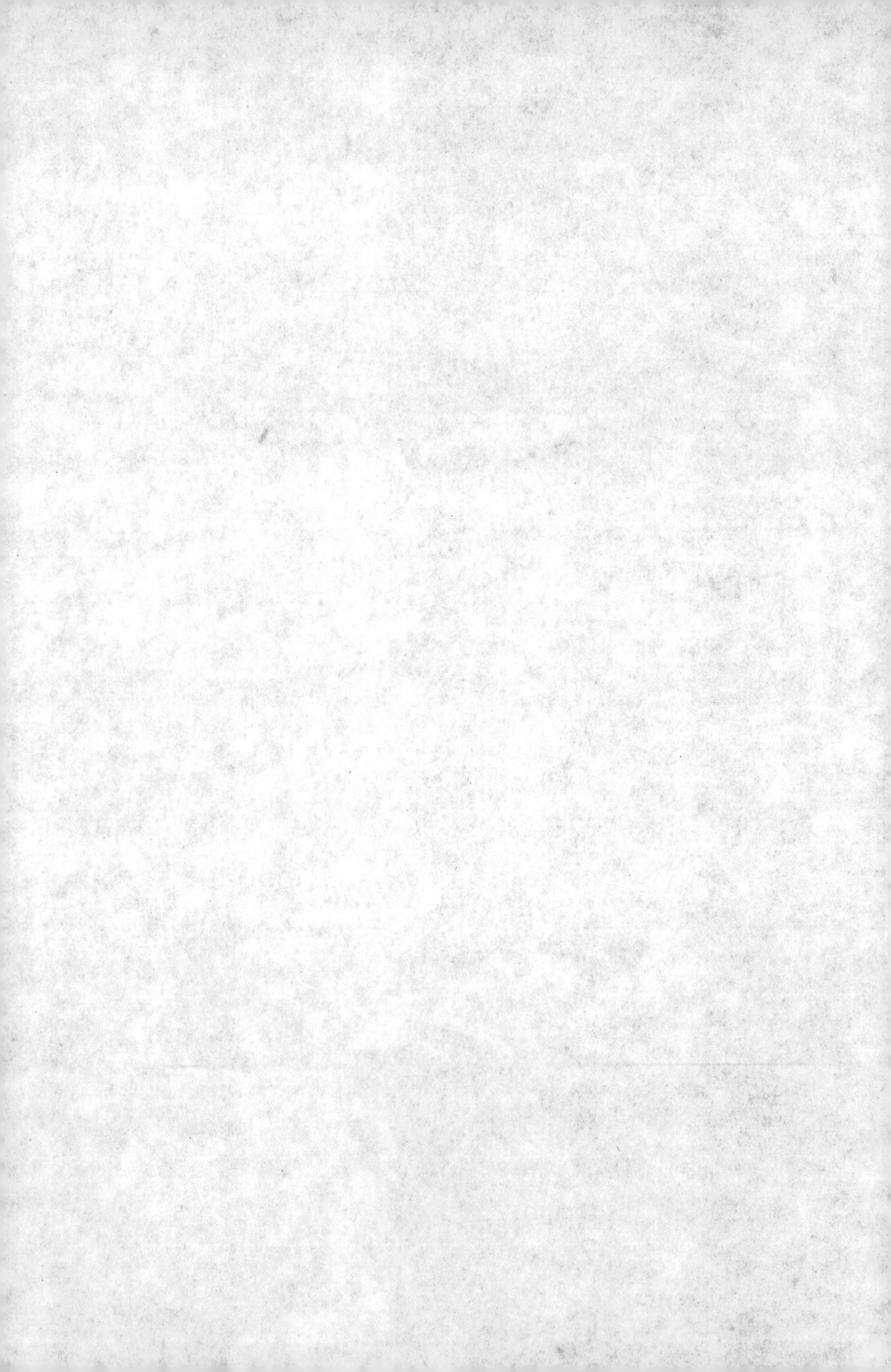